LES DOCTRINES ÉCONOMIQUES

DU MÊME AUTEUR

L'Industrie et le marché britanniques du charbon, 1 vol., Paris. Librairie générale de droit et de jurisprudence, 1939.

L'Epargne forcée dans les finances de guerre, dans l'ouvrage collectif *Ordres et droit public*, Paris, I. E. C. S., 1944.

L'Avenir de notre agriculture, collection des Groupes Travail, Domat-Montchrestien, 1945.

Salaires et grèves, Cahiers de l'Institut de Science économique appliquée, Série B, 1945.

Plans et accords monétaires internationaux, *Revue de droit international public*, 1940-1946.

L'Evolution de la théorie des coûts comparés dans les vingt-cinq dernières années, *Revue d'économie politique*, 1947.

La Sécurité sociale, 1 vol., collection Perspectives humaines, Ed. Bourrelier, Paris, 1948.

Les Doctrines économiques, 1 vol., Presses Universitaires de France. 1re édition, 1949 ; 4e édition, 1956 ; traduction en espagnol, 1951 ; traduction en portugais, 1955.

La Redistribution du revenu national, Droit Social, mars 1950.

La Concentration, dans le Traité collectif d'économie politique, publié sous la direction du Pr Baudin, t. I, Dalloz, 1951, 2e édition, 1955.

L'Industrie et le marché britanniques du charbon depuis 1939, 1 vol., collection de l'Institut national de la Statistique et des Etudes économiques, Presses Universitaires de France, 1951.

L'Economie du Sud-Ouest, Annales de la Faculté de droit de Bordeaux, 1951, supplément.

La Politique d'investissements pour le développement économique et social en A. O. F., Travaux du Symposium intercolonial de Bordeaux, 1952.

Proudhon, Textes choisis et commentés, 1 vol., Dalloz, 1953.

Salaires et action collective, Travaux du Congrès de l'Association française pour l'avancement des Sciences, Luxembourg, 1953.

Les premières étapes de l'unification économique de l'Europe, *Revue d'Histoire économique et sociale*, nos 1, 2 et 3, 1954.

Productivité et niveaux de vie, Travaux du Congrès de l'Association française pour l'avancement des sciences, Poitiers, 1954.

Les perspectives pétrolières du Bassin Aquitain, *Revue Tour d'horizon*, 1955.

Décentralisation industrielle, reconversion, aménagement du territoire, *Revue juridique et économique du Sud-Ouest*, série économique, no 2, 1956.

Le Port de Bordeaux au milieu du xxe siècle, *Revue juridique et économique du Sud-Ouest*, série économique, no 3, 1957.

Les systèmes économiques, 1 vol., Presses Universitaires de France, 1957.

« QUE SAIS-JE ? »
LE POINT DES CONNAISSANCES ACTUELLES
N° 386

LES DOCTRINES ÉCONOMIQUES

par

Joseph LAJUGIE
Professeur à la Faculté de Droit et des Sciences économiques de l'Université de Bordeaux

PRESSES UNIVERSITAIRES DE FRANCE
108, BOULEVARD SAINT-GERMAIN, PARIS
—
1958

TRENTIÈME MILLE

DÉPOT LÉGAL

1re édition .. .. .. 4e trimestre 1949
5e — .. .. .. 4e — 1957

INTRODUCTION

1. Histoire des théories, des doctrines ou des systèmes économiques. — Comme l'économie politique elle-même, l'évolution de la pensée économique peut être envisagée à trois points de vue.

Sur le plan de la théorie pure, on étudiera les auteurs qui s'efforcent uniquement d'élucider les mécanismes de l'activité économique, d'expliquer les phénomènes économiques, de déceler leurs rapports, d'en découvrir les causes et les conséquences. D'un point de vue doctrinal, on retracera l'enchaînement des courants de pensée qui ne se bornent pas à constater et à expliquer ces phénomènes, mais qui les apprécient en fonction de certaines conceptions éthiques et qui, à la lumière de ces jugements, préconisent certaines mesures et en prohibent d'autres. Enfin, sur le plan institutionnel, on étudiera les applications successives des diverses politiques économiques qui transposent dans les faits les programmes ainsi tracés, qui consacrent par la législation positive les conclusions dégagées par l'observation et le raisonnement.

Il est impossible de dissocier absolument ces trois points de vue, leur soudure étant trop intime, leur interdépendance trop étroite. La science économique est une et ne saurait, pas plus qu'aucune autre science, être arbitrairement morcelée. Cependant, on peut légitimement l'envisager sous des angles différents et en donner des images non pas opposées, mais complémentaires.

C'est sous cette réserve que cet ouvrage sera essentiellement centré sur l'aspect doctrinal des grands courants de la pensée économique. Les aspects histoire des théories et histoire des systèmes seront abordés seulement dans la mesure où les premières sont le soubassement nécessaire des doctrines et où les seconds en sont le prolongement normal.

2. Histoire des doctrines et histoire des faits économiques. — L'histoire de la pensée économique ne peut être dissociée davantage de celle des faits mêmes, idées et faits réagissant mutuellement les uns sur les autres.

Les faits agissent sur les idées. Ils fournissent au penseur les matériaux de sa recherche. Ils servent de soubassement et de cadre aux doctrines. Il n'y a pas de pensée économique digne de ce nom avant que se développe l'activité économique. Celle-ci oriente celle-là et conditionne, en partie, ses conclusions.

Mais, à leur tour, les idées réagissent sur les faits. Les grands courants de pensée issus des hommes de génie influent sur l'évolution ultérieure des faits et des institutions. Un Aristote et un saint Thomas, un Adam Smith et un Karl Marx ont exercé sur l'histoire économique du monde une influence aussi profonde que la découverte du moulin à eau ou de la machine à vapeur. Particulièrement caractéristique à cet égard est la position de Marx. Adepte du matérialisme historique, expliquant l'évolution de la société, des mœurs et des institutions par celle des moyens de production, il est l'exemple type de l'homme qui joue un rôle déterminant dans l'évolution politique et sociale du monde. L'évolution des faits a contredit certaines de ses thèses, n'a pas intégralement vérifié les autres. La révolution russe elle-même s'est déclenchée et le collectivisme soviétique s'est instauré dans des conditions différentes de celles qu'il prévoyait. Le marxisme n'en a pas moins une emprise considérable sur les masses comme sur les élites intellectuelles. Par une évolution paradoxale, il est devenu un véritable mythe, une idée-force et exerce, à ce titre, une influence décisive sur l'évolution de l'humanité. La conception idéaliste de l'histoire de Hegel et même son aboutissement extrême, la conception « héroïque » chère à Carlyle, trouvent leur meilleur argument en la personne même de leur principal adversaire.

C'est pourquoi une histoire de la pensée économique doit s'intégrer dans une description sommaire des faits, toutes deux s'éclairant mutuellement et chacune étant indispensable à l'interprétation de l'autre (1).

3. L'enchaînement de la pensée économique. — Cette méthode permet non seulement de mieux dégager le sens et la portée des thèses des divers auteurs, mais aussi de mettre davantage en relief le déroulement et l'enrichissement progressif de la pensée économique, la filiation des diverses écoles qui, par influence ou par réaction, s'enchaînent les unes aux autres et présentent un caractère de continuité plus profond que leurs apparents antagonismes.

(1) Un autre volume de cette collection est d'ailleurs consacré aux systèmes économiques ; cf. J. Lajugie, *Les systèmes économiques*, 1 vol., collection « Que sais-je ? », 1957.

Leurs divergences portent essentiellement sur les rôles et les droits respectifs de l'individu et de l'Etat dans l'organisation de la société. Or, à cet égard, l'évolution des idées ne se fait pas en direction continue, mais en quelque sorte « en spirale », selon un schéma fréquent en matière sociologique. Des conceptions, abandonnées une première fois pour la thèse opposée, sont ensuite reprises à un degré plus élevé d'abstraction, quitte à être de nouveau délaissées pour la doctrine adverse, elle-même enrichie des fruits de l'expérience ou mieux systématisée.

Nous verrons ainsi, dans une première partie comment l'on est passé d'un communisme aristocratique chez les philosophes de l'Antiquité à l'individualisme libéral des auteurs classiques du XVIIIe siècle. Une deuxième partie montrera comment on est revenu, au siècle suivant, à une nouvelle forme de communisme, un communisme désormais égalitaire ou tout au moins sans classes. Enfin, nous indiquerons dans une troisième partie, comment cette évolution aboutit, à l'époque actuelle, à un humanisme économique tendant à assurer le développement harmonieux de toutes les personnes humaines qui composent le corps social, en évitant à la fois l'exploitation de certaines catégories sociales par d'autres et l'asservissement de l'individu à un Etat oppresseur.

Pour rester dans les limites de cette collection, nous avions le choix entre une étude équilibrée mais superficielle de ces trois périodes de la pensée économique ou une analyse plus fouillée des doctrines contemporaines encore mal systématisées, au détriment des plus anciennes souvent exposées déjà. Nous avons délibérément choisi la seconde méthode, en consacrant l'essentiel de cet ouvrage aux Ecoles du XIXe et du XXe siècles.

PREMIÈRE PARTIE

DU COMMUNISME ARISTOCRATIQUE A L'INDIVIDUALISME LIBÉRAL

CHAPITRE PREMIER

ÉTATISME ET INTERVENTIONNISME

C'est à Moïse qu'un auteur contemporain prétendait commencer l'histoire des doctrines économiques (1). En fait, on ne trouve pas de pensée économique digne de ce nom avant l'hégémonie athénienne.

I. — Les Philosophes de l'Antiquité La doctrine de l'Élite

En Grèce même, malgré le développement d'une certaine économie d'échange, aux IVe et IIIe siècles av. J.-C., l'activité économique reste limitée et il n'y a pas d'économistes spécialisés. Les maîtres de la pensée, les philosophes, sont surtout préoccupés

(1) Cf. D. VILLEY : *Petite histoire des grandes doctrines économiques*, Presses Universitaires de France, 1944, p. XIV.

de politique et les faits économiques, trop peu importants encore pour affecter la vie et l'organisation de l'Etat, ne les intéressent pas en tant que tels. Ils ne cherchent pas à élaborer une doctrine économique systématique mais exposent seulement des vues fragmentaires, sur des questions particulières, en les envisageant toujours sous l'angle éthique, en réformateurs sociaux.

Platon et Aristote dressent ainsi le plan de cités idéales fondées sur la distinction d'une élite privilégiée et d'une plèbe indigne d'intérêt.

La *division du travail* a, pour eux, un fondement sociologique et non point professionnel. Aux travailleurs manuels, généralement et « légitimement » réduits en esclavage, seront dévolues les tâches inférieures : satisfaction des besoins matériels, activité économique. Les tâches supérieures : administration et défense de la cité, reviendront aux hommes libres : penseurs, magistrats et guerriers, qui n'en doivent être détournés par aucune autre préoccupation.

La *propriété privée* sera, de ce fait, envisagée défavorablement par Platon. Il souhaite sa suppression pour que les individus ne soient pas mus par leur intérêt personnel, dans un sens contraire à l'intérêt général. Il réclame la communauté des biens — et des femmes — et demande que la cité assure la subsistance de ses membres.

C'est sur cette base que l'on a voulu faire de lui l'ancêtre du communisme. En fait, c'est d'un communisme très étroit qu'il s'agit ici, d'un communisme aristocratique. Seule compte, pour Platon, l'élite des citoyens, penseurs et guerriers. C'est pour elle, en vue d'assurer son indépendance, qu'est conçue la communauté de vie et de biens ; à la caste des travailleurs manuels, jugée incapable de s'élever à un suffisant esprit de renoncement, l'auteur, au contraire, concède dédaigneusement la propriété privée.

L'*intervention de l'Etat*, enfin, est admise par les philosophes sans contrôle et sans limites. Ils sacrifient entièrement les droits de l'individu à ceux de la collectivité. Ils n'hésitent pas à réclamer, pour stabiliser la population à son niveau optimum, une règlementation des mariages, des naturalisations d'office ou des déportations forcées, voire à prôner l'infanticide et l'avortement.

A côté de ces auteurs, Xénophon, dans un ouvrage au titre pourtant prometteur *L'Economique*, se contente de donner des conseils pratiques pour la gestion des affaires privées, et Aristophane dans *Les Grenouilles*, entrevoit l'une des lois les plus célèbres de l'économie politique, la loi dite plus tard de Gresham : « Quand, dans un pays, deux monnaies sont en circulation, la mauvaise chasse la bonne. »

Pour fragmentaires et accessoires qu'elles soient, ces préoccupations économiques vont encore s'amenuiser lorsqu'à l'hégémonie de la Grèce succédera celle de Rome. On trouve seulement quelques observations intéressantes chez les auteurs traitant des questions agricoles, par exemple Caton l'Ancien, Varron et Columelle, mais ce sont surtout des conseils pratiques d'intérêt privé.

Le seul apport important de Rome à la pensée économique sera réalisé par l'intermédiaire du droit, avec l'institution de la propriété quiritaire, individuelle, perpétuelle et presque absolue, et de la liberté des conventions. Ces deux principes fourniront, plus tard, les bases du régime capitaliste libéral.

II. — Les Canonistes du Moyen Age
La Doctrine de la Justice Commutative

Il faut attendre ensuite plus de dix siècles pour retrouver des traces de doctrine économique. Elles apparaîtront seulement lorsque, après l'arrêt des échanges intraméditerranéens dû à l'expansion de l'Islam, une véritable vie économique renaît avec l'épanouissement des Communes et le développement de l'artisanat sur le plan intérieur, avec les Croisades et les Foires de Champagne sur le plan international.

Les principaux représentants de la pensée économique sont alors des théologiens, les Pères de l'Eglise et, spécialement, saint Thomas d'Aquin et Nicole Oresme. Leurs idées économiques, encore fragmentaires et accessoires, sont dominées par un principe essentiel, celui de la justice commutative. Il faut faire régner dans les échanges, l'égalité des prestations, chaque partie donnant l'équivalent de ce qu'elle reçoit et recevant l'équivalent de ce qu'elle donne.

Le *juste prix* : La justice commutative exige que les marchandises soient vendues à leur valeur exacte, estimée soit d'après la peine prise par le producteur, soit d'après l'appréciation courante.

Le *juste salaire* : L'ouvrier qui fournit son travail doit toucher une somme lui permettant de vivre et de faire vivre sa famille « décemment ». Les conditions de travail doivent rester « humaines », s'inspirer de l'idée que le fournisseur de travail est une personne humaine et non point une machine ou une bête de somme.

La *légitimité du prêt à intérêt* est la grosse question du Moyen Age. Les Canonistes le condamnent formellement, car il aboutit, pour le créancier, à récupérer une valeur supérieure à celle qu'il a cédée et cette prohibition sera consacrée par la plupart des législations civiles. Mais, au fur et à mesure que le développement de l'activité économique exigera des capitaux toujours plus importants, les théologiens eux-mêmes s'ingénieront à trouver des arguments justifiant le versement d'un intérêt (perte, manque à gagner, risque subis par le prêteur).

La *propriété privée* est légitime mais non pas absolue. Les biens terrestres sont créés pour l'utilité de l'espèce humaine tout entière et non de tel ou tel individu. Il n'y a pas de raison de principe pour que l'humanité use de son droit sur les choses suivant un mode d'appropriation collectif ou privé : seules des raisons d'opportunité rendent préférable l'appropriation individuelle, meilleur stimulant au travail. Mais cette propriété ne saurait avoir un caractère égoïste. Le propriétaire n'a pas seulement des droits mais aussi des devoirs.

L'intervention de l'Etat est normale et opportune. Sans doute la personne humaine n'est-elle plus ici subordonnée à l'Etat, mais les pouvoirs publics doivent taxer les prix, prohiber l'usure et organiser la société en attribuant à chacun la place qui lui revient avec droits et devoirs correspondants.

III. — Les Mercantilistes de la Renaissance Protectionnisme et règlementation

Au XVe et au XVIe siècles, de profonds bouleversements marquent l'apparition des Temps modernes.

Sur le plan matériel, les grandes découvertes maritimes provoquent, à la fois un élargissement de l'horizon commercial, un afflux de produits exotiques et un déplacement du centre de gravité économique du monde. Il en résulte un bouleversement complet des fortunes et de la hiérarchie sociale, l'éveil d'un esprit d'aventure et de lucre. A un monde essentiellement rural et artisanal va succéder un monde commerçant et manufacturier. La prépondérance passe des ports méditerranéens à ceux de l'Atlantique. Des quantités considérables de métaux précieux en provenance du Mexique et du Pérou sont, en même temps, drainées vers l'Espagne où elles provoquent une prospérité inouïe mais aussi une hausse vertigineuse des prix qui gagnera bientôt le continent tout entier.

Sur le plan intellectuel, se réalisent en même temps d'importantes transformations politiques et morales. Les Etats modernes, centralisés et unifiés, s'édifient sur les ruines de la féodalité. La Renaissance et la Réforme provoquent un ébranlement des esprits qui aboutira à une amoralisation de l'économie et à l'abandon progressif de la règle médiévale de modération du gain. Pour la première fois, on va voir la pensée économique faire abstraction de considérations éthiques.

Tous ces faits permettront l'apparition des doctrines mercantilistes qui règneront en Europe du milieu du XVe au milieu du XVIIIe siècle. Le principe fondamental en est qu'il faut porter au maximum la puissance et la richesse de la Nation et que la possession d'un stock important de métaux précieux en est un élément essentiel. Quelque peu différentes de pays à pays, toutes sont également nationalistes et interventionnistes.

1. Le *mercantilisme espagnol ou bullionisme* en est la forme initiale et rudimentaire. Devant la prospérité de l'Espagne à la suite de l'afflux de métaux précieux, il estime qu'il suffit, pour les pouvoirs publics, de conserver l'or et l'argent détenus dans le pays et d'en attirer d'autre. Pour cela, il convient de prohiber l'exportation des métaux précieux et d'en favoriser l'importation par le système de la balance des contrats. On obligera les

exportateurs de marchandises espagnoles à rapatrier le montant de leurs ventes en numéraire ; les importateurs de marchandises étrangères devront au contraire les payer en produits espagnols.

2. Le *mercantilisme français ou industrialisme* cherche à perfectionner le système en agissant indirectement sur le stock métallique par le canal de l'industrie. Il demande que l'Etat encourage systématiquement les manufactures, afin de développer les ventes à l'étranger dont le paiement en or accroîtra le stock métallique. C'est la position de Laffemas, de Montchrétien et de Jean Bodin, célèbre par une brillante controverse avec M. de Malestroit, officier de la Cour des Monnaies, chargé de faire une enquête sur les causes de la hausse des prix. Alors que celui-ci estime que la hausse est purement nominale, due aux mutations monétaires, pour Bodin il y a bien hausse effective des prix et la cause en est dans l'afflux des métaux précieux d'Amérique. Il pose ainsi le principe de la théorie quantitative de la monnaie, selon laquelle le niveau des prix dépend essentiellement de la quantité de monnaie en circulation.

Mais c'est COLBERT, qui donne au Mercantilisme français sa forme la plus achevée, dans ses *Lettres* et ses *Mémoires*, et surtout dans le système économique auquel il attachera son nom.

Sur le plan intérieur, il suscite par des privilèges fiscaux et des subventions la création de manufactures consacrées surtout aux productions susceptibles d'alimenter un commerce d'exportation rémunérateur (articles de luxe, drap, acier). Une taxation générale des prix et des salaires, une étroite réglementation de la qualité des produits, le développement des transports, complètent ce programme d'intervention de l'Etat.

Sur le plan extérieur, il édicte, en 1667, un tarif

douanier d'un protectionnisme rigoureux : A l'importation, des droits prohibitifs sont établis sur les produits fabriqués étrangers qui concurrenceraient les produits nationaux ; au contraire, les matières premières étrangères sont admises en franchise pour alimenter l'industrie française. A l'exportation, la vente des marchandises nationales est encouragée par des primes aux armateurs et aux compagnies de commerce ; la sortie des céréales est, au contraire, interdite pour éviter les famines et permettre de payer de bas salaires ne compromettant pas nos chances dans la concurrence internationale.

3. Le *mercantilisme britannique* ou commercialisme, de T. Mun, J. Child et W. Petty, est orienté davantage vers le développement du commerce et de la navigation. On s'efforce d'assurer au pays une balance extérieure positive dont le solde sera réglé en or ou en argent, en tenant compte non seulement des importations et exportations de marchandises, mais de tous les règlements à effectuer avec l'étranger. Il faut, en particulier, développer la flotte marchande de manière à pouvoir effectuer, pour le compte de pays étrangers, des transports payables en métal.

Ces principes sont mis en application par Cromwell avec les *Acts of Navigation* (1651), qui réservent à la marine britannique le monopole du trafic de l'Angleterre avec les continents extra-européens et interdisent aux navires étrangers d'importer en Grande-Bretagne des marchandises ne provenant pas de leur pays d'origine.

Au courant mercantiliste peuvent encore se rattacher les Caméralistes allemands qui défendent une doctrine industrialiste, protectionniste, nationaliste et interventionniste, et le banquier écossais John Law, auteur malheureux de la première expérience française de billets de banque.

CHAPITRE II

LE LIBÉRALISME

I. — Le Libéralisme agrarianiste
Les Physiocrates (XVIIIe siècle)

L'application, pendant trois siècles, des principes mercantilistes entraîne des résultats qui provoqueront bientôt une puissante réaction idéologique.

Sur le plan économique, c'est le déclin de l'activité agricole, délibérément sacrifiée à l'industrie, et l'abus d'une règlementation qui entrave le commerce et l'industrie. La faiblesse des prix agricoles entraîne la multiplication des terres incultes et l'exode des travailleurs vers les villes. Des douanes intérieures empêchent la circulation des grains entre provinces. La règlementation des conditions de fabrication, des prix et des salaires par les corporations devient tâtillonne et étouffante et compromet le développement industriel.

Sur le plan intellectuel, s'affirment, au même moment, des tendances libérales et des conceptions déterministes. Les Encyclopédistes exaltent l'idée de liberté, la foi en la toute-puissance de la raison, en la bonté du cœur et de l'instinct humain. Les philosophes du droit naturel veulent expliquer la vie des sociétés par des principes généraux découlant de la seule nature humaine et valables dans tous les temps et dans tous les pays. Montesquieu et Condorcet entrevoient la possibilité d'un déterminisme social analogue à celui régissant les phénomènes naturels et impliquant l'existence de lois sociales, au sens scientifique du terme.

Les Physiocrates transposeront ces tendances à l'étude des faits économiques. Le chef de l'Ecole, un médecin, François Quesnay, expose sa doctrine dans les articles *Fermiers* et *Grains* de l'Encyclopédie et surtout dans son *Tableau économique* (1758). A ses côtés se groupent le marquis de Mirabeau (le père de l'orateur), Du Pont de Nemours, Gournay, Le Mercier de la Rivière, La Trosne, l'Abbé Beaudeau. Enfin la Physiocratie aura son Colbert en la personne de Turgot qui en appliquera les principes de politique économique.

1. **Une théorie économique** scientifique et cohérente s'ébauche avec ces auteurs.

Les lois naturelles : Ils sont les premiers à avoir une conception nette de la science sociale et des lois économiques. Les sociétés évoluent suivant des uniformités générales qui constituent « l'ordre naturel ». Cet ordre naturel n'est pas l'état de nature cher à Rousseau. C'est un ordre voulu par dieu pour le bonheur des hommes qui doivent apprendre à le connaître et s'y conformer.

L'intérêt personnel de chaque individu ne pouvant être contraire à cet ordre providentiel, en recherchant son propre intérêt, chacun agira dans le sens conforme à l'intérêt général. Il suffit donc de laisser les hommes libres pour que le monde aille vers l'ordre et l'harmonie.

La répartition des richesses : Les Physiocrates sont également les premiers à donner une vue d'ensemble du trajet qu'accomplissent les richesses de l'instant où elles sont produites au moment où elles sont consommées, en dégageant les notions de produit net et de circuit économique.

Le produit net physiocratique correspond, en très gros, à la notion moderne de revenu national. Il représente la différence entre la richesse obtenue par les actes de production et la richesse dépensée à l'occasion de cette production. Or, pour ces auteurs, l'agriculture seule donne un produit net ; c'est la seule branche où les richesses créées soient supérieures aux richesses détruites, car c'est la seule dans laquelle les forces naturelles coopèrent avec l'homme à la production.

Le *circuit économique* est le circuit par lequel le produit net ainsi créé se répartit dans le corps social, comme le sang dans l'organisme. L'idée de base en est la division de la société en trois classes : la classe productrice, celle des agriculteurs ; la classe dite stérile, commerçants et industriels ; enfin la classe stipendiée, les propriétaires fonciers. En vertu de la théorie du produit net, la seule source de richesse réside dans la première classe et c'est d'elle que part le mouvement circulatoire qui distribue la richesse créée dans la société.

2. **Une politique économique** agrarianiste et libérale découle tout naturellement de ces principes.

L'*agriculture* doit être systématiquement encouragée et développée puisqu'elle est seule susceptible de fournir un produit net. Elle va faire l'objet, au XVIIIe siècle, d'un engouement général. On enregistrera un mouvement très net de retour à la terre ; la grande culture fera des progrès considérables, grâce à l'usage des engrais et au perfectionnement de l'outillage.

Un *régime de liberté* est nécessaire pour assurer la vente des denrées agricoles à un « bon prix ».

Le bon prix des Physiocrates n'a rien de commun avec le juste prix des Canonistes : c'est un prix élevé, susceptible de laisser un substantiel produit net. Il sera obtenu par le jeu de la libre concurrence sur le plan international comme sur le plan national. L'interdiction de sortie des grains entraîne leur abondance sur le marché et la baisse de leurs prix. Au contraire, la liberté d'exportation dégagera le marché intérieur et permettra une hausse des prix.

Ce programme remporte bientôt une série de victoires grâce à Turgot. Intendant du Limousin, il y proclame la suppression des douanes intérieures et la libre circulation des grains. Contrôleur général des Finances en 1774, il étend la liberté du commerce des grains à tout le territoire et en autorise l'exportation.

Il essaie d'étendre le même principe de liberté à l'organisation commerciale et industrielle en supprimant les corporations (1776). Il doit céder sur ce point et il faudra attendre la Révolution Française pour que triomphe définitivement la liberté du commerce et du travail.

II. — Le Libéralisme industrialiste
L'École classique (fin XVIIIe-XIXe s.)

Sur les bases jetées par les Physiocrates, une théorie économique complète et cohérente sera élaborée par des auteurs anglais et français du XVIIIe siècle. On leur donnera le nom d'Ecole classique, leur système étant jugé parfait et définitif. Il aboutit, sur le plan doctrinal, à un libéralisme absolu et général dont la conception s'explique par le concours de deux Révolutions, l'une technique, l'autre juridique.

La *Révolution industrielle* permet à l'Angleterre

de constituer une industrie puissante, grâce à une floraison d'inventions.

Le machinisme se développe prodigieusement, se substituant au travail manuel dans tous les secteurs. En matière d'outillage, c'est la découverte de la navette volante, des métiers à filer et à tisser. Dans le domaine des procédés de fabrication, c'est l'utilisation de la houille pour la métallurgie. Dans celui des forces motrices surtout, c'est la découverte de la machine à vapeur qui dote l'industrie d'un potentiel de production jusqu'alors inégalé.

La *Révolution française*, en même temps, introduit un ferment de libéralisme et d'individualisme même dans les pays où elle ne parvient pas à implanter ses conceptions politiques. Liberté individuelle, liberté des conventions, droits de l'homme et du citoyen, se traduiront, sur le plan économique, par la liberté du commerce et du travail. La philosophie libérale de David Hume est le reflet de ces tendances. Apôtre d'un régime de concurrence qui stimule l'émulation entre les pays comme entre les individus, il aura une influence profonde sur le fondateur de l'Ecole classique, A. Smith, et sur ses disciples.

1. **Adam Smith,** professeur à l'Université de Glasgow, publie, en 1776, un *Essai sur la nature et les causes de la richesse des nations* qui sera la Bible de l'Ecole libérale.

Sa *théorie économique* a un fondement psychologique : l'intérêt personnel. Le moteur de toute activité économique est le principe hédonistique qui pousse les hommes à rechercher le maximum de satisfaction avec le minimum d'effort.

Sur cette base, il explique comment les besoins humains peuvent être satisfaits par la division du travail qui accroît considérablement la productivité individuelle et par le mécanisme des prix qui adapte automatiquement l'offre à la demande. La production excessive d'une marchandise en fait baisser le prix et les entrepreneurs, voyant diminuer leurs profits, réduisent leur production, ce qui rétablit l'équilibre. Une production insuffisante se traduit, au contraire, par une hausse des prix qui incite les producteurs à accroître leur fabrication jusqu'au niveau nécessaire pour équilibrer la demande.

Une *doctrine libérale* découle de ces vues théoriques. Pour que le mécanisme puisse jouer, il faut « laisser faire, laisser passer » ; il faut que les facteurs de la production puissent se déplacer librement d'un secteur à l'autre, selon les indications du baromètre des prix. Le libre jeu des activités individuelles assurera spontanément la réalisation de l'intérêt général. L'Etat doit s'abstenir de toute intervention en matière économique et il convient de laisser circuler librement les produits entre pays pour profiter des avantages de la division internationale du travail.

2. **Les libéraux pessimistes britanniques,** Malthus et Ricardo, ne croient plus, comme Adam Smith et les Physiocrates, à un ordre spontané dû à la bonté de la Providence ou au jeu de la liberté individuelle. Ils voient partout, au contraire, des antagonismes inquiétants, traduits par des lois économiques. Mais ces lois étant inéluctables, il n'y a qu'à les déplorer et à « laisser faire ».

Malthus, pasteur protestant, présente, dans cet esprit, une théorie fameuse de la population.

Son *pessimisme* est fondé sur l'idée que la population s'accroît plus vite que les subsistances. Elle augmente en progression géométrique (2, 4, 8, 16, 32, 64), tandis que les subsistances augmentent seulement en progression arithmétique (2, 4, 6, 8,

10, 12). Il doit très vite en résulter un déséquilibre entre les deux phénomènes, autrement dit l'humanité marche vers la famine.

L'équilibre ne peut être rétabli que par deux séries de moyens. Les uns sont répressifs : Quand la population excède les possibilités de subsistances offertes par la terre, des famines, des épidémies, des guerres, la ramènent au niveau normal. Mieux vaudrait utiliser un moyen préventif, une « contrainte morale », aboutissant à la restriction volontaire de la natalité. Chacun limiterait sa descendance au nombre d'enfants qu'il est sûr de pouvoir nourrir en retardant l'âge du mariage et en pratiquant la chasteté conjugale.

Son libéralisme s'affirme dans l'opinion que la misère et la pauvreté sévissant à son époque, proviennent du déséquilibre entre ressources naturelles et population. Elles sont fatales, inéluctables et ne peuvent être évitées par les pouvoirs publics. Malthus est hostile à toute intervention de l'Etat en matière sociale. Des mesures d'assistance, comme les *Poor Laws* anglaises, ne peuvent qu'encourager le peuple à proliférer ; elles ne font pas pousser un épi de blé de plus. « Le peuple doit se considérer comme étant lui-même la cause principale de ses misères. »

Ricardo met au point, avec une remarquable puissance d'abstraction, plusieurs des théories ébauchées par A. Smith : théorie de la valeur travail (la valeur des biens est déterminée par leur coût de production) ; théorie du salaire naturel (le salaire se fixe au minimum nécessaire pour faire vivre l'ouvrier et sa famille) ; théorie des coûts comparés (chaque pays a intérêt à se spécialiser dans les produits pour lesquels il est relativement le mieux doué). Retenons seulement ici, comme caractéristique de sa position, sa théorie la plus célèbre, celle de la *Rente foncière différentielle* (entendons par rente, le loyer que paie le fermier au propriétaire du sol.

Pessimisme. — L'accroissement de la population augmente les besoins des hommes en denrées agricoles, telles que le blé. Or, les terres fertiles existent seulement en quantités limitées. Quand il faudra mettre en culture des terres de qualité inférieure, elles exigeront, pour donner le même rendement, davantage d'engrais ou davantage de travail. Le prix de revient sur ces terres sera plus élevé que sur les premières. Il en résultera une hausse générale du prix de vente du blé.

En effet, la loi de formation des prix, déjà dégagée par Adam Smith, fait que, pour un même produit, il ne peut y avoir qu'un seul prix de vente sur le marché : celui assurant l'équilibre entre l'offre et la demande. Ce prix correspond au coût de la production le plus élevé. Il laissera donc un avantage supplémentaire aux propriétaires des bonnes terres qui gardent les mêmes frais et bénéficient d'un prix de vente supérieur. Par conséquent, le revenu des propriétaires fonciers est appelé à s'accroître avec le développement de la population, sans aucun effort de leur part, et le prix des subsistances à s'élever au plus grand détriment de la masse.

Libéralisme. — Cette situation fâcheuse ne saurait être modifiée par une intervention de l'Etat. Il est un seul moyen de lutter contre cette rente : c'est de laisser entrer librement en Grande-Bretagne des blés étrangers, surtout ceux provenant de pays neufs à coût de production plus faible.

C'est donc à une politique libérale que mène, aussi paradoxal que cela paraisse, la constatation des maux dont souffre l'humanité. Tout va mal, mais il n'y a qu'à laisser faire, laisser passer. Intervenir aggraverait encore la situation.

3. **Les Libéraux optimistes français.** — Plus logique apparaît la position des représentants français de l'Ecole classique : J.-B. Say et Bastiat. Eux aussi sont libéraux et partisans de l'abstention de l'Etat en matière économique, mais ils le sont parce qu'ils estiment que tout va pour le mieux dans le meilleur des mondes. Bien coupables seraient donc les gouvernants qui s'aviseraient de troubler cette harmonie.

Jean-Baptiste Say publie, en 1803, un ouvrage intitulé : *Traité d'économie politique ou simple exposé de la manière dont se forment, se distribuent et se consomment les richesses.* C'est le premier traité classique d'économie politique. Son titre fournira, pour un siècle, le plan de tous les ouvrages du même genre : production, circulation, consommation.

J.-B. Say a d'abord le mérite d'exposer avec clarté et logique les idées souvent confuses et désordonnées d'A. Smith, mais il dégage aussi certains aspects nouveaux de la théorie économique : le rôle de l'industrie, celui de l'entrepreneur, la loi des débouchés.

Say, qui a vu se réaliser le grand mouvement de transformation industrielle en Angleterre, qui en applique lui-même les méthodes dans sa filature du Pas-de-Calais, met au premier plan l'industrie. Il fait l'apologie du machinisme et montre que si l'introduction de machines nouvelles réduit parfois les ouvriers au chômage, elle permet ensuite de produire à un meilleur compte et de vendre moins cher, donc en plus grande quantité, si bien qu'une extension des entreprises est bientôt nécessaire et amène le réembauchage des ouvriers licenciés.

Le chef d'entreprise est le pivot de toute l'activité économique, de tout le mécanisme de production et de répartition des richesses. Il achète ou loue les services productifs : travail à l'ouvrier, capital à l'épargnant, terre au propriétaire foncier, et les paie respectivement en salaire, intérêt ou fermage. Il les combine en vue d'obtenir des produits qu'il vend sur le marché et c'est avec ce prix de vente qu'il paie les fournisseurs de services et obtient sa propre rémunération, son profit. Il assure donc la liaison entre marché des services producteurs et marché des produits, orientant les premiers vers les productions qui ont des chances d'être demandées par les consommateurs.

Il n'y a pas à craindre que cette activité provoque un engorgement général du marché, car « les produits s'échangent contre des produits ». La monnaie n'est qu'un intermédiaire que l'on accepte seulement pour s'en débarrasser aussitôt. Les marchandises se servent mutuellement de débouchés ; en fabriquant un objet, on crée la possibilité d'en acheter un autre. Plus l'on produira de marchandises variées, plus facile en sera l'écoulement. Il ne peut y avoir de crises générales de surproduction. Tout au plus peut-il se produire des surproductions partielles, l'engorgement de certains secteurs déterminés, parce que les services productifs auront été mal orientés, certaines productions étant trop développées et d'autres pas assez. Les déséquilibres ne peuvent être que passagers, à condition que les échanges demeurent libres, que le mécanisme des prix permette aux entrepreneurs de savoir ce qui est désiré, ce qu'ils doivent fabriquer.

Bastiat croit discerner, dans le monde économique, une harmonie préétablie et donne à son principal ouvrage ce titre caractéristique : *Les Harmonies économiques.*

Son œuvre théorique est de valeur très inégale : esprit peu scientifique, il s'en tient bien souvent à des analyses superficielles, voire à des affirmations gratuites qu'il ne démontre pas. Son œuvre de polémiste est beaucoup plus intéressante par son influence sur l'avènement du libre échange en France. Bastiat s'enthousiasme pour la campagne menée en Angleterre par Richard Cobden et la Ligue de Manchester pour obtenir l'abrogation des *Corn Laws*, frappant de taxes prohibitives l'importation des céréales. Il rêve de jouer, chez nous, un rôle analogue et fonde, en 1846, une « Association pour la liberté des échanges » qui entreprend une active propagande contre la législation douanière héritée du Colbertisme. Il publie une série de pamphlets intitulés : *Sophismes économiques*, dans lesquels il raille avec brio les doctrines protectionnistes et se fait l'apôtre de la liberté des échanges entre peuples.

L'un des plus célèbres est la *Pétition des Marchands de chandelle*. Bastiat imagine que les membres de cette honorable corporation protestent auprès des pouvoirs publics contre l'intolérable concurrence d'un producteur étranger qui inonde le marché national de lumière à un prix ridiculement bas. Ce concurrent, c'est le soleil. Il faut protéger les industries nationales menacées en décrétant la fermeture de toutes les fenêtres et ouvertures par lesquelles la lumière naturelle pénètre dans les maisons. Et la pétition d'énumérer gravement tous les avantages qui découleront de cette mesure. Il faudra plus de suif pour les chandelles, donc plus de bœufs, de porcs et de moutons. Il faudra plus d'huile et l'on verra se développer la culture du pavot, du colza, de l'olivier. Des milliers de pêcheurs iront, dans les mers polaires, chasser la baleine. Toute l'activité économique sera stimulée et tous les producteurs en bénéficieront.

Bastiat ne verra pas aboutir sa campagne, mais, dix ans après sa mort, Napoléon III signera le traité de commerce franco-anglais qui consacre le triomphe du libre-échange.

4. L'épanouissement de l'Ecole classique : John Stuart Mill (1806-1870). — Les deux courants divergents de l'Ecole classique vont trouver leur synthèse dans l'œuvre de J. S. Mill. Il donnera la formulation la plus parfaite de la théorie libérale en faisant, selon l'expression de M. L. Baudin, une « véritable codification de l'individualisme ». Mais il marque en même temps la transition entre l'école libérale et les écoles postérieures par de larges concessions aux idées socialistes, en matière de politique économique.

Sa théorie économique. — S. Mill précise la conception de l'*Homo œconomicus*, cet homme abstrait et schématique, qui est mû uniquement par son intérêt personnel et agit dans un monde de concurrence parfaite. Le principe hédonistique le pousse à rechercher le maximum de satisfaction avec le minimum d'effort ; cette poursuite systématique de son intérêt personnel est conforme à l'intérêt général et doit s'exercer sans entraves. La libre concurrence assurera l'élimination des incapables par les plus aptes et sera un facteur de progrès. « Tout ce qui limite la concurrence est un mal, tout ce qui l'étend, un bien en définitive. »

En outre, S. Mill esquisse, l'un des premiers, la distinction entre l'économie statique et l'économie dynamique, c'est-à-dire entre l'étude des faits économiques considérés à un moment donné et l'étude de leur évolution.

Enfin, il complète la théorie classique de l'échange

international. Ricardo avait montré sur quels produits devaient porter les échanges : ceux pour lesquels chaque pays est, relativement, le mieux doué. Mill précise le taux auquel l'échange se fera, par sa théoric des valeurs internationales; ce taux dépendra du rapport de la demande respective des deux pays intéressés.

Sa doctrine économique. — Classique et libéral au point de vue théorique, S. Mill va, sur le plan doctrinal, apporter d'importants amendements à la position de ses prédécesseurs. Tout en restant farouchement individualiste, il n'accepte pas l'impassibilité, la résignation de Mathus et Ricardo en face des misères et des inégalités sociales. Il croit à la possibilité d'une amélioration sociale par l'intervention de l'Etat.

Il préconise, par exemple, l'abolition du salariat par le développement des coopératives de production et la récupération de la rente foncière au profit de la collectivité par l'impôt, mais ses idées les plus connues, en ce domaine, sont celles relatives à l'héritage.

La propriété privée, pour S. Mill, est une simple institution sociale et non un droit naturel ; elle peut, légitimement, être modifiée par la législation. Le droit actuel de l'héritage apporte incontestablement un puissant stimulant à l'activité des hommes en leur laissant la possibilité de léguer leurs biens à leurs enfants ou à des héritiers de leur choix. Mais il en résulte, en même temps, que certains reçoivent, sans aucun effort de leur part, des biens et des richesses leur donnant une situation privilégiée dans la lutte pour la vie. Il faut rétablir « l'égalité au point de départ » sans supprimer ce stimulant précieux. Pour cela, S. Mill propose de laisser aux hommes le droit absolu de disposer de leurs biens, mais de limiter leur droit de recevoir par héritage. Par exemple, une personne ayant une fortune de dix millions pourra la léguer à qui bon lui semblera, mais à condition d'en faire un nombre de lots suffisant pour que chacun des héritiers ne reçoive pas plus d'un maximum légalement fixé. Ainsi sera assurée l'égalité des chances, ainsi chacun pourra-t-il lutter à armes égales dans la vie.

*
* *

Après Stuart Mill, l'Ecole classique comptera de nombreux disciples, de second plan, mais ne fournira plus de grand nom comparable aux précédents. Les uns approfondiront seulement tel ou tel aspect de la théorie et en donneront une présentation nouvelle et améliorée (Cairnes en Angleterre, Von Thünen en Allemagne, Carey aux Etats-Unis, Michel Chevalier, P. Leroy-Beaulieu en France). Les autres se feront les apôtres d'un abstentionnisme systématique qui fournira aux gouvernants de l'époque la justification d'un conservatisme social intransigeant.

Caractéristique de cette dernière position est Charles Dunoyer, Préfet et Conseiller d'Etat de la monarchie de juillet. Il fait l'apologie d'une liberté illimitée. Il n'admet aucune intervention, même en faveur des classes déshéritées. « Les ouvriers sont responsables de leur misère qui est fort utile. » L'Etat n'a qu'un rôle : producteur de sécurité ; qu'il protège les honnêtes gens, mais qu'il s'en tienne là. C'est la conception de « l'Etat-gendarme ». Et Dunoyer condamne en vrac les monopoles des poudres, des postes et des tabacs, celui des agents de change et des officiers ministériels, les fermes-écoles et les haras nationaux, les Ponts et Chaussées et l'enseignement public.

Plus nette encore, si possible, est la position de Molinari, qui n'hésite pas à écrire : « Au point de vue économique, les travailleurs doivent être considérés comme de véritables machines qui fournissent une certaine quantité de forces productrices et qui exigent, en retour, certains frais d'entretien pour pouvoir fonctionner d'une manière régulière et continue. »

Avec ces auteurs, la doctrine libérale devient ouvertement une doctrine de classe, celle de la bourgeoisie d'argent triomphante au XVIIIe siècle. Aussi provoquera-t-elle sans tarder d'inévitables réactions.

DEUXIÈME PARTIE

DE L'INDIVIDUALISME LIBÉRAL AU COMMUNISME SANS CLASSES

La première moitié du XIXe siècle est marquée par l'épanouissement du capitalisme industriel qui va provoquer d'importants bouleversements économiques et sociaux.

L'industrialisation de l'Angleterre et de la France se poursuit avec les progrès du machinisme (charbon, métallurgie, textile, transports ferroviaires et fluviaux). La structure de l'industrie évolue, en même temps. On note une décadence de l'industrie rurale artisanale et l'apparition de grandes usines concentrées, occupant des centaines ou des milliers d'ouvriers.

Cette évolution est facilitée par le triomphe définitif d'une *politique économique libérale*. En France, les corporations ont été abolies en 1791, les douanes intérieures et les péages supprimés, la liberté rendue au commerce des grains. En Angleterre, les derniers vestiges des institutions corporatives disparaissent en 1814 avec l'abrogation du Statut des Apprentis qui datait de la Reine Elisabeth ; on enlève aux juges de paix les pouvoirs qu'ils avaient de fixer les salaires de certaines professions en fonction du coût de la vie.

C'est cette conjonction du libéralisme et du machinisme qui permet l'épanouissement du capitalisme industriel.

Sur le plan économique, son essor aura deux conséquences principales, d'ailleurs contradictoires :

La richesse et le bien-être connaîtront un développement sans précédents ; une meilleure satisfaction des besoins, une élévation du niveau de vie général en découleront.

Mais des crises périodiques de surproduction ne tarderont pas à se manifester. Au lieu de l'équilibre entre production et consommation prédit par les classiques, on assiste tous les sept ou dix ans à un engorgement général des marchés, à une chute brutale des prix suivie de tout un cortège de faillites et de fermetures d'usines, source de ruine pour les entrepreneurs, de chômage et de misère pour les ouvriers.

Sur le plan social, ces catastrophes périodiques ne feront qu'aggraver et rendre plus sensibles les conséquences permanentes de l'industrialisation. C'est tout d'abord la constitution de deux classes antagonistes, celle des employeurs ou classe capitaliste, et celle des salariés ou classe prolétarienne. Les uns et les autres prennent conscience de l'opposition de leurs intérêts et se groupent en organismes de défense. A la coopération et à la paix sociale du Haut Moyen Age succède définitivement le clivage de la société en deux classes hostiles.

Cette opposition des classes va trouver un aliment trop facile dans les conditions de travail déplorables imposées à la classe ouvrière et dont témoignent les rapports Ashley et Villermé. Pour augmenter leurs profits, les patrons cherchent à diminuer le plus possible leurs prix de revient et, pour cela, exigent de leurs ouvriers des journées de travail toujours plus longues pour des salaires toujours plus faibles. Ils ne craignent pas, chaque fois que la chose est possible, de remplacer les hommes par des femmes et des enfants qui accomplissent le même travail pour des salaires encore plus réduits. Par ailleurs, les conditions de logement sont déplorables et la mortalité ouvrière très élevée.

A ces faits lamentables, les ouvriers ne peuvent opposer l'action de groupements professionnels. Depuis la suppression des corporations, toute association de travailleurs est interdite. Le libéralisme individualiste de la Révolution Française a consacré, par avance, celui de l'Ecole classique.

Mais, sur le plan idéologique tout au moins, les résultats du capitalisme industriel vont provoquer de vives réactions. De nombreux économistes en concluront que le régime de liberté économique n'est pas arrivé à satisfaire l'intérêt général, puisque partout sévissent crises de surproduction et exploitation des travailleurs. Aussi réviseront-ils les conclusions des classiques pour aboutir à un interventionnisme qui s'épanouira, chez certains, en un étatisme intégral.

Chapitre Premier

LE NATIONALISME ÉCONOMIQUE

Les classiques étaient partisans du libre-échange, de la libre circulation des produits entre nations. Chaque pays devait se spécialiser dans les productions pour lesquelles il était le plus doué et les échanger librement contre celles des autres. Chacun des échangistes trouverait son compte à cette division internationale du travail et l'économie mondiale tout entière en tirerait profit.

En fait, le libre-échangisme semble bientôt s'identifier trop étroitement avec les intérêts de la Grande-Bretagne, et, contre le cosmopolitisme de l'Ecole classique, une réaction se manifeste à la fois en Allemagne et aux Etats-Unis.

I. — Le protectionnisme en Allemagne Frédéric List

1. Situation de l'Allemagne au début du XIXe siècle. — L'Allemagne est alors très en retard par rapport à l'Angleterre et à la France, sur la voie de l'industrialisation, par suite du morcellement politique et économique de son territoire et de l'incohérence de son régime douanier.

Elle reste morcelée en une multitude d'Etats indépendants, séparés les uns des autres par des barrières douanières, mais ouverts au contraire aux produits étrangers. Aussi, lorsqu'en 1815, après la fin du Blocus continental, l'Angleterre inonde le continent de produits accumulés pendant plusieurs années, l'industrie naissante de l'Allemagne est-elle mise en péril.

En 1819 se fonde, à Francfort, une Association générale des industriels et commerçants allemands, sous l'inspiration de Frédéric List, professeur à l'Université de Tübingen. Elle se propose de faciliter l'expansion économique de la nation allemande, en supprimant tous les obstacles politiques et douaniers qui l'entravent. En 1828, sous son impulsion, deux Unions douanières sont réalisées entre la Bavière et le Wurtemberg d'une part, la Prusse et la Hesse de l'autre. En 1834, ces deux Unions fusionnent en une seule à laquelle se joint la Saxe ; c'est le Zollverein qui marquera l'étape décisive vers l'unification économique de l'Allemagne.

Mais alors se pose le problème du régime à appliquer à cette Union dans ses rapports avec l'extérieur. Frédéric List y répond dans son *Système national d'économie politique.*

2. **La doctrine de l'économie nationale.** — Pour List, l'erreur essentielle de la doctrine classique est de ne pas tenir compte du fait Nation. Or, les Nations sont des unités naturelles dont on ne peut faire abstraction. Toutes ne sont pas égales en forces productives, en aptitudes naturelles et techniques ; toutes n'ont pas atteint le même stade de développement. Aussi, la même politique ne peut-elle leur convenir.

La Nation normale. — L'idéal auquel doivent tendre tous les pays est de réaliser une « nation normale », à économie complexe. La nation normale est celle où sont développés harmonieusement agriculture, industrie, commerce. Sans doute, toutes les nations ne peuvent-elles atteindre ce stade. Certaines sont défavorisées par un sous-sol pauvre ou un climat ingrat. Mais celles qui possèdent les éléments productifs suffisants doivent y parvenir au terme d'une évolution progressive.

Les cinq stades de l'évolution. — L'histoire montre, estime List, que les nations les mieux douées passent par cinq stades successifs : l'état sauvage, où les hommes vivent de la cueillette des fruits offerts par la nature et de la chasse ; l'état pastoral où ils s'adonnent à l'élevage ; l'état agricole marqué par la mise en culture des terres ; l'état agricole et manufacturier où cette activité se double d'une activité industrielle ; enfin, l'état agricole, manufacturier et commercial qui comporte, en outre, des échanges actifs et correspond à la nation normale.

Pour assurer cette évolution, le libre échange est suffisant au cours des trois premiers stades. Mais pour passer du troisième au quatrième, c'est-à-dire pour permettre le développement de l'industrie, un régime de protection est nécessaire. Une fois l'industrie nationale bien assise, on devra revenir à la liberté pour faciliter l'expansion du commerce et des échanges internationaux.

L'Allemagne en serait précisément alors à ce tournant décisif. Elle ne pourrait développer son industrie sans se protéger contre la concurrence anglaise, d'où la nécessité d'empêcher l'entrée des produits industriels étrangers juqu'à ce que, dotée d'une économie complexe, elle puisse redevenir libre-échangiste comme la Grande-Bretagne.

Le protectionnisme de List est donc à la fois temporaire et limité. Il est conçu seulement pour la période d'industrialisation d'un pays et ne saurait, en aucun cas, s'appliquer aux produits agricoles.

II. — Le Protectionnisme aux États-Unis

1. **Carey H. C.** — Plus absolue est la position de Carey, l'un des premiers en date des économistes américains. Il préconise un protectionnisme non pas

temporaire, mais permanent, et s'appliquant à l'agriculture comme à l'industrie.

Le libre-échange n'est, à ses yeux, que l'instrument de l'hégémonie britannique. Cette politique permet à l'Angleterre d'acheter bon marché matières premières et denrées alimentaires pour revendre très cher les produits manufacturés. Elle maintient, au contraire, les Etats-Unis dans la position économique d'une colonie. Seule la protection pourra parfaire leur indépendance.

En outre, seule une économie complexe permet à toutes les facultés humaines de s'utiliser. Une spécialisation trop étroite limite le niveau de vie de la population, augmente les frais de transport dont elle doit supporter la charge et provoque l'exode de ses métaux précieux.

2. **S. N. Patten.** — Patten renchérit en soulignant que la spécialisation d'un pays dans certaines productions agricoles, coton, blé, tabac, appauvrit et épuise son sol. L'économie complexe reste toujours l'idéal.

Par ailleurs, il fait une distinction entre nations à l'état statique et nations à l'état dynamique. Ces dernières dont les Etats-Unis sont le type, sont celles ayant de grandes forces économiques à développer. Les premières sont celles dont le développement est achevé et qui ont atteint la phase des rendements décroissants. Les nations dynamiques ont un niveau de vie plus élevé mais ne peuvent le défendre que par la protection, sinon, elles subissent les pressions des conditions de vie moins favorables des autres.

Ces idées de List et de ses disciples triompheront à la fin du XIXe siècle, après une victoire passagère du libre-échange aux environs de 1860.

Chapitre II

L'INTERVENTIONNISME

On donne le nom d'interventionnisme à un courant de pensée déclenché par les misères de la Révolution industrielle et qui sera à l'origine de la législation moderne de protection des travailleurs.

I. — Le Fondateur : Sismondi (1773-1842)

Sismondi, banquier genevois, commence par s'enthousiasmer pour l'industrialisme naissant dont il contemple l'essor quand il fuit, en Angleterre, la Révolution française et, dans ses premiers ouvrages, il reste disciple fidèle d'A. Smith. Mais, revenant en Grande-Bretagne après les guerres napoléoniennes, il est témoin des misères et des déséquilibres accumulés par l'expansion sans frein du capitalisme industriel, et révise complètement sa position.

1. **Sa critique de l'industrialisme.** — La production n'est pas une fin en soi ; elle n'a d'intérêt que dans la mesure où elle assure la satisfaction des besoins humains. L'accroissement de la production est souhaitable seulement quand il contribue à augmenter le bien-être des travailleurs. Or, l'organisation économique actuelle aboutit à des résultats tout opposés.

Elle se traduit par une exploitation des salariés,

à qui les patrons ne paient pas l'équivalent de la valeur par eux produite. Elle provoque des crises de surproduction avec le développement du machinisme qui accroît la quantité des marchandises offertes plus vite que la demande ne peut les absorber. Il en résulte chômage et misères supplémentaires. L'industrialisme est analogue à l'apprenti-sorcier de la légende qui libère, en l'absence de son maître, les génies malfaisants et ne sait plus les arrêter.

2. **Son programme d'intervention.** — Il appartient à l'Etat d'intervenir pour freiner les forces imprudemment déclenchées. Il devra atténuer les effets de la concurrence. Il devra protéger la classe ouvrière, en interdisant le travail des femmes et des enfants dans les usines, en assurant le repos hebdomadaire, en garantissant les travailleurs contre les risques professionnels (maladie, accident, invalidité, chômage). Il devra encourager l'union de la propriété et du travail sur la même tête, en favorisant le petit propriétaire exploitant, le petit artisan, le petit commerçant. « Sismondi, proclamera dédaigneusement K. Marx, est le chef du socialisme des petits bourgeois. »

II. — L'épanouissement

1. **Dupont-White.** — Grand bourgeois français, né de mère anglaise, Dupont-White est révolté par les conditions de travail imposées aux ouvriers français vers la fin de la monarchie de juillet (salaires insuffisants, journées trop longues, hygiène et sécurité inexistantes, instabilité de l'emploi).

Injustice du libéralisme. — L'expérience montre qu'il n'y a pas de convergence spontanée des intérêts privés vers l'intérêt général. Un régime de liberté incontrolée assure seulement la domination du plus fort qui n'est pas nécessairement le plus apte. En matière de contrat de travail, par exemple, la partie n'est pas égale entre l'ouvrier qui a un besoin impérieux de trouver un emploi pour vivre et le patron qui cherche seulement une occasion de profit supplémentaire. Les salaires sont encore avilis par le développement du machinisme, les crises de surproduction et l'accroissement naturel de la population.

Rôle de l'Etat. — Pour remédier à ces maux, l'intervention des pouvoirs publics est nécessaire. Dans une société progressive, les attributions de l'Etat sont normalement appelées à s'accroître. Dans le domaine économique, l'Etat doit assurer des débouchés à l'industrie par la colonisation ; il doit agir sur la monnaie, les transports, le commerce extérieur. Dans le domaine social, il doit organiser l'assistance publique, l'enseignement populaire et une assurance contre les crises.

2. **Les Socialistes de la Chaire.** — Les socialistes de la chaire sont des professeurs d'Université allemande fortement imprégnés de la philosophie de Hegel. Celui-ci admettait que l'Etat doit protéger la personnalité en assurant la sécurité publique, surveiller les échanges, garantir du travail à tous.

On retrouve les mêmes idées dans le *Manifeste d'Eisenach* par lequel, en 1872, ces auteurs réclament l'inspection des usines, le contrôle des Banques et des assurances, une étude approfondie de la question sociale. Ils estiment que les attributions de l'Etat doivent être fixées dans chaque pays, à chaque époque, après étude approfondie du milieu et non pas en vertu de principes arbitraires.

Les principaux représentants de ce mouvement sont : A. Wagner et G. Schmoller.

3. **Le Socialisme municipal.** — On trouve, en Grande-Bretagne, une tendance analogue chez les représentants du socialisme municipal, qui préconisent la ges-

tion par les autorités locales de nombreux services publics (eau, gaz, électricité, transports) et même de certaines branches traditionnellement réservées au secteur privé (alimentation, chauffage, etc.).

III. — Les Prolongements

1. **Le Solidarisme,** à la fin du XIXe siècle, s'efforcera de donner à l'interventionniste un soubassement philosophique. L. BOURGEOIS part de l'idée qu'il existe entre tous les membres de la société une solidarité quasi contractuelle. « L'homme naît débiteur de l'association humaine », débiteur de nourriture, de langage, d'instruction, d'outillage. La civilisation est un héritage que nous recevons, à charge de l'accroître. Puisque les citoyens sont débiteurs envers la société, il appartient aux pouvoirs publics de percevoir ce qui lui est dû, notamment en prélevant par l'impôt progressif les sommes nécessaires pour corriger les inégalités sociales. Ainsi se trouve justifiée et fondée la législation sociale et fiscale en faveur des masses (impôts sur le revenu, retraites ouvrières, Assurances Sociales).

2. **Le Radicalisme social** de MM. BOURGUIN et AFTALION se situe dans la même ligne de pensée.

Le caractère de plus en plus concentré de la structure économique moderne accentue les injustices de la vie sociale et souligne le caractère contestable de la propriété privée. Il convient de remédier à ces défauts, en particulier aux abus des sociétés anonymes.

La propriété est une fonction sociale ; son titulaire n'a pas seulement des droits mais aussi des devoirs. Des réformes sont nécessaires pour en corriger les abus : développement de l'assurance, de l'assistance, de l'hygiène, de l'instruction, impôts progressifs et somptuaires, législation du travail, etc.

Chapitre III

LE CHRISTIANISME SOCIAL

De nombreux auteurs d'inspiration chrétienne, les uns catholiques, les autres protestants, chercheront une solution au problème social dans les enseignements de leur religion.

I. — Le catholicisme social

Un puissant mouvement de pensée se développe en ce sens, au sein de l'Eglise catholique, à la fin du XIXe siècle. Il sera encouragé par une importante Encyclique pontificale consacrée à la question sociale.

1. **En France.** — On peut citer comme précurseurs de ce mouvement Ozanam et Lamennais, très inégalement fidèles, d'ailleurs, à l'orthodoxie catholique.

Le Play, en représente la tendance conservatrice. Il recherche par la méthode d'observation les causes des bouleversements sociaux dont la France est victime. Il les voit dans l'oubli du Décalogue, l'abandon de la tradition, l'instabilité de l'ouvrier dans son emploi, l'instabilité de la famille. Il en tire des conclusions anti-libérales : les faits prouvent que le bien-être de l'individu ne se réalise pas de lui-même ; il faut réformer la société. Mais il se méfie également de l'Etat qui n'a pas su ou pas pu réaliser cette réforme. Celle-ci ne sera possible qu'avec une restauration de l'autorité, autorité des grands propriétaires, des sages, des patrons et, surtout, autorité des pères de famille.

La Tour du Pin, recherche dans l'idéal chrétien les éléments d'un ordre corporatif adapté à la tradition française. Il préconise à la fois l'organisation des professions et une réforme interne des entreprises.

Une organisation professionnelle est nécessaire pour discipliner la production. Elle sera assurée par des corporations nées de l'initiative privée. Des syndicats patronaux et ouvriers se constitueront librement. Ils formeront ensuite des conseils mixtes auxquels l'Etat donnera un caractère public et qui règlementeront l'exercice de la profession.

Une réforme de l'entreprise devra intervenir en même temps, pour encourager les entreprises individuelles. Seules seront maintenues les formes de sociétés sauvegardant le sens de la responsabilité personnelle (société en nom collectif, en commandite). Les sociétés par actions pourront être remplacées par des exploitations dirigées par les corporations, les actionnaires devenant des commanditaires et la direction étant confiée aux ingénieurs et au Haut-personnel. Enfin, des brevets de capacité professionnelle seront exigés pour l'exercice de toute profession.

Albert de Mun veut substituer à la lutte des classes une collaboration des patrons et des ouvriers dans le cadre de syndicats mixtes contrôlés par l'Etat et chargés de promouvoir la législation ouvrière.

La démocratie chrétienne fait un pas de plus en prônant, non plus des syndicats mixtes dirigés par de grands bourgeois et suspects de paternalisme, mais des syndicats purement ouvriers. Ses partisans s'efforcent de rester en contact étroit avec la classe ouvrière par des cercles d'études, des coopératives, des jardins ouvriers. Dû à l'initiative des abbés Garniers et Lemire, en 1896, ce mouvement s'affirmera dans *Le Sillon*, de Marc Sangnier.

2. **A l'étranger.** — Le principal nom du catholicisme social est celui de von Ketteler, évêque de Mayence. Il demande que les pouvoirs publics mettent un frein à la tyrannie du capital par une répartition plus juste des impôts, l'encouragement des associations de producteurs, une législation protectrice du travail.

A côté de lui, Frantz Hitze se fait l'apôtre de corporations obligatoires s'administrant elles-mêmes, tandis qu'au contraire Moufang préconise un véritable « socialisme chrétien » et fait cause commune avec la Social démocratie.

Le cardinal Manning en Angleterre, l'Union catholique d'études sociales de Fribourg en Suisse, l'Ecole de Malines en Belgique représentent des tendances analogues mais, elles aussi, très diversifiées.

3. **L'encyclique Rerum Novarum.** — Un texte fondamental vient enfin préciser, en 1891, les points essentiels de la doctrine sociale de l'Eglise, l'encyclique *Rerum Novarum* du pape Léon XIII.

Propriété privée. — Il admet que la propriété privée est conforme au droit naturel mais stipule que le propriétaire n'a pas seulement des droits, mais aussi des devoirs envers la société.

Rôle de l'Etat. — Il reconnaît les défauts de l'organisation économique actuelle. Pour y remédier, il préconise d'abord l'action de l'Eglise par sa doctrine et par ses œuvres, mais aussi l'intervention de l'Etat quand l'intérêt de la communauté l'exige, en particulier pour défendre les travailleurs.

Salaire. — Il pose le principe du juste salaire,

hérité des canonistes médiévaux. Le travail humain n'est pas une simple marchandise et le juste salaire n'est pas nécessairement celui consenti librement par l'ouvrier mais un salaire suffisant pour faire vivre l'ouvrier sobre et honnête.

Syndicats. — Enfin, est-il précisé, les associations professionnelles sont de droit naturel mais l'Etat a, sur elles, un droit de contrôle.

II. — Le protestantisme social

Plus diversifié encore que le catholicisme social, le protestantisme social va parfois plus loin dans le sens du socialisme. Certains de ses représentants réclament l'abolition du salariat et de la propriété privée, certains admettent le principe de la lutte des classes et des solutions collectivistes. Cependant, la plupart s'en tiennent à un socialisme libéral ou surtout à la formule coopérative.

1. **A l'étranger.** — *En Angleterre*, le mouvement prend naissance, au milieu du XIXe siècle, avec la « Société pour encourager les associations ouvrières » et son journal intitulé *Le Socialisme chrétien.* Son but est de christianiser le socialisme et les masses ouvrières. Elle réclame la formation d'associations ouvrières de production et de coopératives de consommation et une réforme de la propriété foncière. Elle aura une grande influence sur le mouvement ouvrier anglais et certains de ses leaders (Keir Hardie, Ramsay Mac Donald, etc.).

En Allemagne, un mouvement analogue se développe avec les progrès du capitalisme industriel et la misère ouvrière de la fin du XIXe siècle et aboutit avec le pasteur Rudolf Todt, à un véritable socialisme d'Etat de nuance confessionnelle. Puis le mouvement se divise en une tendance conservatrice, avec le parti chrétien social des travailleurs de Stöcker et Wagner, et une tendance socialiste avec les pasteurs Naumann et Göhre. Cette dernière essaiera de conclure une alliance avec la Social-démocratie mais sera désavouée par le Congrès évangélique de 1896 qui détournera le mouvement de l'agitation sociale pour l'orienter vers l'étude et la moralisation de la vie économique.

2. **En France.** — Dans notre pays, également, on trouve plusieurs tendances au sein du protestantisme social.

Une tendance conservatrice, représentée par le mouvement « Foi et Vie » crée l'Ecole du Service Social. Ses principes (christianisme appliqué) sont exposés dans un ouvrage de Paul Doumergue *Servir*.

Une tendance coopérative s'affirme dans l'Association protestante pour l'étude et l'action sociale, créée en 1887 par Gouth, avec la collaboration de Charles Gide. Elle expose ses principes dans la déclaration de Besançon, en 1910. Elle refuse de considérer comme définitive une organisation de la société fondée sur l'égoïsme et la concurrence. Elle préconise un ordre nouveau sur une base coopérative, afin de modifier les rapports entre capital et travail, de transformer la propriété privée en propriété collective et de substituer un régime de solidarité au régime de concurrence.

Une tendance socialiste l'emporte dans l'Union des socialistes chrétiens, fondée en 1908 par R. Biville et P. Passy. Elle admet la lutte des classes et proteste contre l'assujettissement des Eglises au capital.

CHAPITRE IV

LE SOCIALISME

L'étiquette de « socialisme » recouvre un nombre important d'auteurs de tendances souvent bien diverses et que relie seulement leur accord sur quelques principes de base communs.

La plupart sont hostiles au régime capitaliste et à son fondement essentiel : la propriété privée. La plupart souhaitent son remplacement par un régime de propriété collective, mais ils diffèrent profondément sur les méthodes à utiliser pour réaliser ce changement, sur les caractères et les fins du régime à instaurer.

Trois courants principaux se dessinent parmi eux : l'un, de caractère idéaliste, est représenté par les socialistes français du XIXe siècle ; l'autre, à prétentions plus scientifiques, correspond à Karl Marx ; le troisième enfin réunira, sous le nom d'Ecole marxiste, des disciples très inégalement fidèles à la pensée du maître.

I. — Le socialisme idéaliste

Les « Socialistes français » croient au pouvoir souverain de la volonté humaine pour modifier la société. Pénétrés des idées de justice et de droit, ils préconisent une transformation progressive des institutions économiques. Volontarisme, spiritualisme, réformisme, sont les caractères qui leur vaudront d'être qualifiés d'utopistes par leurs adversaires. Ces auteurs ne sont d'ailleurs pas d'accord sur la forme idéale d'organisation de la société, en particulier sur le rôle à attribuer à l'Etat dans la vie économique. Au sein de ce premier groupe, trois nouvelles tendances peuvent être distinguées : le productivisme, l'associationnisme, le mutuellisme.

1. **Le socialisme productiviste** est représenté par Saint-Simon et ses disciples.

Saint-Simon (1760-1825), est l'un des premiers à concevoir l'application de la méthode scientifique aux faits sociaux. Il ébauche, en même temps, une doctrine que des disciples enthousiastes développeront après lui.

Très vivement impressionné par l'industrialisme naissant, il croit que l'avenir est à l'industrie, seule source de richesse. Mais pour cela, il faut éliminer les oisifs et faire de tous les hommes des producteurs. Or, le libéralisme n'y peut parvenir ; une autorité est nécessaire. Cette autorité, ce n'est pas à l'Etat qu'il faut la confier, ses interventions étant plus nuisibles qu'utiles, mais aux « capacités », c'est-à-dire aux producteurs (commerçants et industriels) et aux intellectuels (savants et techniciens). C'est une nouvelle version de la théorie des élites, les penseurs de Platon partageant ici la première place avec les producteurs.

L'Ecole Saint-Simonienne. — Ses disciples accentueront le caractère socialiste de sa doctrine. Les principaux sont Enfantin et Bazard, mais A. Thierry et A. Comte ont aussi subi son influence. Ils font la critique de la propriété privée, simple institution variable selon les temps et les lieux. Elle a eu un rôle transitoire, mais elle est aujourd'hui périmée. Ses effets sont néfastes tant au point de vue de la justice (elle consacre l'exploitation de l'homme par l'homme), qu'au point de vue de la productivité (elle aboutit à une organisation anarchique de la production). Il faut y remédier par le *collectivisme* : l'Etat, seul propriétaire des moyens de production, les attribuera aux plus capables : « A chacun selon ses capacités, à chaque capacité selon ses œuvres ».

Cette Ecole va dégénérer bien vite en une véritable secte religieuse, exaltant les idées de fraternité humaine et pratiquant des rites d'un goût douteux. Mais elle n'en aura pas moins une influence profonde sur l'évolution économique ultérieure. Les frères Pereire, fondateurs du Crédit mobilier, F. de Lesseps, créateur du Canal de Suez, sont parmi les adeptes les plus notables du productivisme Saint-Simonien.

2. Le socialisme associationniste se confond, à bien des égards, avec le coopératisme. Si la terminologie est encore incertaine, les formules proposées par les divers auteurs ne s'écartent guère de celles qui aboutiront aux coopératives de production ou de consommation.

Robert Owen (1771-1858) est, à la fois, un doctrinaire et un homme d'action. Ancien ouvrier devenu l'un des magnats de l'industrie textile britannique, il organise des institutions de patronage pour ses ouvriers puis crée, en Ecosse et aux Etats-Unis, des colonies communistes qui se solderont par un échec total. Sans se décourager, il fonde, à Birmingham un magasin d'échange du travail, où chaque producteur peut échanger ses produits en nature contre d'autres marchandises. Ce sera un autre gigantesque fiasco, les « rossignols » invendables s'accumulant dans les dépôts du magasin, toujours vide au contraire de marchandises courantes.

De ses idées, on peut retenir surtout son désir de supprimer le profit de l'entrepreneur capitaliste. C'est le principe qui sera à la base de tout le mouvement coopératif.

Fourier (1772-1837), petit employé de commerce

de province, autodidacte et mégalomane, se prend pour Jésus et Newton, à la fois. Il préconise une nouvelle formule d'organisation économique et sociale : L'Association.

La concurrence, estime-t-il, est destructrice. Elle met en lutte producteurs, consommateurs et ouvriers au lieu d'harmoniser leurs intérêts. Elle fait éliminer les faibles par les forts et aboutit au monopole. Seule l'association volontaire peut supprimer la concurrence, sans supprimer la liberté. Et Fourier propose la création de vastes sociétés de production, les Phalanstères, au sein desquelles les travailleurs vivront en communauté. Le travail y sera organisé de manière à le rendre attrayant en en réduisant la durée, en variant et en alternant les occupations. Le produit en sera réparti entre le travail (5/12'), le capital (4/12'), le talent (3/12').

Plusieurs expériences de cette cité idéale seront faites, en particulier par l'un des disciples du maître, Victor Considérant. Elles n'auront pas plus de succès que les colonies de Robert Owen et ruineront leurs promoteurs.

Louis Blanc, lui aussi doctrinaire et homme d'action, membre du Gouvernement provisoire de 1848, forge quelques formules appelées à un grand succès (lutte des classes, droit au travail) et témoigne d'un esprit plus réaliste.

Il critique à la fois la propriété privée et la concurrence, mais surtout cette dernière en laquelle il voit une cause de misère pour le peuple et de ruine pour la bourgeoisie. La concurrence mène les patrons à comprimer les salaires pour diminuer leurs prix de revient et à remplacer les ouvriers par des machines. Mais elle les ruine, en même temps, en les poussant à surproduire, d'où des crises qui entraînent l'élimination des entreprises les plus faibles et la constitution progressive de monopoles : « La concurrence tue la concurrence. »

Il convient de lui substituer un régime d'association, mais ces associations, Louis Blanc les souhaite, pour sa part, encouragées et contrôlées par l'Etat. On créera des ateliers sociaux, véritables coopératives de production avec des capitaux fournis par l'Etat qui en réglementera le fonctionnement. Les bénéfices en seront partagés en trois fractions : l'une sera ajoutée au salaire, à titre de participation ouvrière aux bénéfices ; l'autre alimentera un fonds d'assurance contre l'invalidité et le chômage ; la troisième sera consacrée à l'achat de matériel pour les nouveaux adhérents.

Cette formule sera compromise par l'expérience fâcheuse des Ateliers Nationaux de 1848, réalisée par des adversaires de Louis Blanc désireux de discréditer son programme. Cependant il aura une influence certaine sur le développement des coopératives de production.

Les coopératistes, enfin, feront la synthèse de ces divers projets en élaborant une doctrine qui n'est pas spécifiquement socialiste, en ce sens qu'elle ne s'attaque pas au principe même de la propriété privée, mais qui se situe dans la même ligne idéologique que les précédentes, en cherchant à supprimer le profit capitaliste par l'association de producteurs, de consommateurs ou d'usagers.

Dès 1831, Buchez préconise, en France, des coopératives de production, groupements d'ouvriers s'entendant pour supprimer le patron intermédiaire entre eux et les clients. En 1844, des tisserands anglais fondent la Société des Equitables Pionniers de Rochdale, association de consommateurs pour supprimer l'intermédiaire commerçant ; c'est la première coopérative de consommation. Elle achète directement les produits aux producteurs et répartit en fin d'année, les bénéfices réalisés à ses adhérents proportionnellement à leurs achats. Enfin, vers la même époque, en Allemagne, Schulze-Delitsch et Raiffeisen étendent le principe mutualiste à des organismes distributeurs de crédit pour les petits paysans et petits commerçants.

Le succès de ces formules, essentiellement empiriques à l'origine, sera tel dans les pays nordiques que certains auteurs en viendront à envisager le remplacement complet du régime capitaliste par un régime coopératif dont l'Ecole de Nîmes établira les principes. Tous les consommateurs étant groupés en coopératives de détail, celles-ci acquerraient des magasins de gros, puis des usines et des domaines agricoles où seraient produites toutes les marchandises désirées. A tous les stades, travail et capital recevraient des rémunérations forfaitaires et les bénéfices réalisés seraient ristournés ensuite aux acheteurs intéressés. Ainsi « le règne du consommateur » serait-il substitué à celui du producteur.

De cette « révolution économique », Charles Gide l'un de ses plus ardents protagonistes attend : la disparition des crises et du chômage, la production désormais réglée par les besoins ne pouvant être ni trop forte ni trop faible ; l'abaissement du coût de la vie par la suppression des intermédiaires ; la disparition des conflits sociaux, l'intérêt du consommateur se confondant avec l'intérêt général.

3. **Le Socialisme mutuelliste et fédéraliste.** — Le plus grand nom du socialisme français reste celui de Proudhon.

Fils de paysans, typographe puis journaliste, autodidacte lui aussi, c'est un esprit complexe, plein de contradictions. Trois influences essentielles, proclame-t-il, ont marqué son caractère : la Bible,

A. Smith et Hegel. On ne saurait être plus éclectique.

Farouchement épris de justice et de liberté, il recherche un système économique assurant la réciprocité des services échangés et un système politique garantissant les droits de l'individu. Il ne croit pas, pour cela, aux formules socialistes déjà proposées, car il juge l'association et l'organisation du travail contraires à la liberté du travailleur. Il ne croit ni à la démocratie « immorale », « chimérique » et impuissante à résoudre le problème social, ni à un Etat centralisé, « instrument d'exploitation et d'assujettissement du peuple ».

La Révolution sociale ne peut être réalisée que par la substitution généralisée de la notion de contrat au principe d'autorité, sur le plan politique, comme sur le plan économique.

Sur le *plan économique*, cela se traduira par l'avènement d'un régime mutuelliste ou d'échange en nature qui « réalisera la synthèse des deux idées de propriété et de communauté », ce qui permet à Proudhon, après avoir été un adversaire farouche de la propriété privée, de s'en faire l'avocat non moins passionné.

A l'origine, la propriété lui apparaît comme la source de toutes les inégalités et de toutes les injustices dont souffre la société. Il se rend célèbre, dès son premier livre, par cette condamnation définitive : « Qu'est-ce que la propriété ? C'est le vol. » Il y fait la critique de tous les arguments courants en faveur du droit de propriété : droit naturel, occupation, travail. Il estime que, permettant de disposer du travail d'autrui et de percevoir un revenu sans travail, la propriété privée aboutit à une véritable exploitation de l'homme par l'homme.

Mais, ultérieurement, il reviendra sur cette position. Il admettra la possibilité de supprimer les inégalités sociales en éliminant les revenus acquis sans travail ou au détriment du travail par l'application du principe mutuelliste à la distribution du crédit. C'est sa fameuse théorie du crédit gratuit. Une banque d'échange délivrera aux producteurs groupés en compagnies ouvrières des titres représentatifs de leurs marchandises. Elle accordera des capitaux sans intérêt à tous ceux qui en auront besoin pour acheter des instruments de production, la valeur de ses billets reposant sur la garantie mutuelle de tous. Ainsi pourra-t-on supprimer l'injustice, assurer le libre développement de la personnalité humaine, sans toucher à la propriété privée qui est la meilleure sauvegarde de l'individu contre l'Etat, à la seule condition que le titulaire du droit de propriété utilise lui-même son bien, sans le concéder, faute de quoi l'exploitation réapparaîtrait. Il faut donc en favoriser la diffusion, surtout sous forme de petite propriété paysanne.

Sur le *plan politique*, un système fédéraliste sera le corollaire du précédent. Le jour où des capitaux seront ainsi mis gratuitement à la disposition de tous, « la fusion des classes sera réalisée car il n'y aura plus que des travailleurs échangeant leurs produits au prix de revient ». La justice dans les échanges étant garantie, il n'y aura plus que des égaux et toute source de conflit aura disparu. Aussi le Gouvernement, nécessaire pour maintenir l'ordre aussi longtemps qu'existaient des opprimeurs et des opprimés à la lutte desquels il mettait fin par une oppression générale, deviendra-t-il inutile.

On pourra alors organiser la société sur la base d'accords librement consentis entre les groupes naturels dans lesquels s'incorpore l'homme : groupe familial, groupes professionnels (ateliers et métiers), groupes géographiques (communes et régions). Par là, seront garantis le droit au travail, une souveraineté effective du peuple, la justice et la paix sociales.

L'aboutissement normal en sera, sur le plan international, la formation de confédérations d'Etats voisins, et ultérieurement, une Fédération des Etats-Unis d'Europe, par laquelle seraient enfin assurés la paix entre les peuples et l'ordre dans la liberté.

Libéralisme et défense de la propriété privée, voilà certes une position assez paradoxale pour un socialiste. Malgré cela, ou à cause de cela, l'influence de Proudhon sera considérable sur l'évolution ultérieure du socialisme en France et sur l'évolution générale des doctrines économiques.

Ses tendances libertaires, d'abord, seront exaspérées par les représentants les plus typiques de la pensée anarchiste, les Russes Bakounine et Kropotkine, les Français Elisée Reclus et Jean Grave, plus tard Léon Trostky. Les droits de l'individu étant, pour eux, souverains et illimités, ils n'admettent aucune autorité, le monde dont ils rêvent sera une fédération de libres associations. Une fois délivrée par la violence des influences pernicieuses du milieu capitaliste, la bonté originelle de la nature humaine suffira à en assurer la bonne marche.

Ses conceptions fédéralistes inspireront nombre de ceux qui, un siècle plus tard, militeront en faveur des Etats-Unis d'Europe.

Enfin, son idéalisme imprégnera de nombreux socialistes français, de Sorel aux néo-socialistes. Il lui vaudra d'ailleurs, en même temps, de violentes attaques de Karl Marx et de ses disciples.

II. — Le socialisme scientifique : Le Marxisme

Deux hommes avaient jeté les bases d'un socialisme plus scientifique que celui des précédents auteurs, Rodbertus et Lassalle.

Lassalle, agitateur passionné, est surtout célèbre

pour le nom de « loi d'airain » donné par lui à la thèse ricardienne, reprise par Marx, selon laquelle le salaire ne dépasse pas le minimum nécessaire à la subsistance de l'ouvrier.

Rodbertus, plus original et plus profond, présente une critique très pertinente du régime capitaliste. La production y est réglée, souligne-t-il, non pas d'après les besoins, mais par les disponibilités monétaires des demandeurs. Des besoins vitaux du peuple restent insatisfaits tandis que les favorisés de la fortune bénéficient de satisfactions superflues. Seuls sont satisfaits les besoins « solvables », en fonction de la répartition des revenus. Or, cette répartition est des plus injustes. Le travail est la seule source des produits ; tout le produit social devrait donc revenir aux travailleurs mais, du fait de l'organisation juridique actuelle, les possesseurs de moyens de production prélèvent à leur profit une part de ce produit dont ils frustrent les travailleurs.

C'est déjà l'analyse de l'exploitation capitaliste que *Karl Marx* va reprendre et préciser pour donner une impulsion décisive au mouvement socialiste.

Né à Trêves, en 1818, d'une famille bourgeoise d'israëlites convertis au protestantisme, K. Marx subit très fortement l'influence de F. Hegel et, très tôt, fait de l'agitation socialiste. Il se rend à Paris, en 1843, où il rencontre F. Engels avec lequel il collaborera étroitement par la suite. Expulsé, il gagne la Belgique pour retourner en France, puis en Allemagne en 1848 où il rencontrera Lassalle. En janvier de la même année, il publie, avec Engels *Le Manifeste du parti communiste*. Expulsé d'Allemagne, il se réfugie à Londres et y observe, à son tour, l'industrialisme triomphant. Il fonde, en 1863, la première Internationale Ouvrière. En 1867, il publie le premier volume de son plus important ouvrage : *Le Capital* et meurt en 1883. Les autres tomes seront publiés par Engels, après sa mort.

L'œuvre immense de K. Marx (plus de cinquante volumes dans l'édition Molitor), est centrée tout entière sur l'évolution des sociétés et, en particulier, sur le remplacement du régime capitaliste par le *collectivisme.* Il explique, par une série de thèses corollaires les unes des autres, les fondements sociologiques, les causes économiques et les modalités de cette évolution.

1. Les fondements sociologiques de l'évolution des sociétés. — La pierre angulaire du Marxisme est une interprétation de l'histoire, en vertu de laquelle l'évolution des idées et des institutions s'explique par celle des moyens de production et d'échange.

Le matérialisme historique. — La Société comporte une infrastructure, constituée par les forces productives, et une superstructure comportant la littérature, l'art, le droit, la religion. La première commande la deuxième. Les conditions de vie matérielles et techniques déterminent les mœurs et les institutions sociales, politiques et religieuses. « Hegel, dit K. Marx, ayant fait reposer l'histoire sur la tête, il faut la retourner de haut en bas pour la remettre sur ses pieds, c'est-à-dire, au lieu de la fonder sur l'idée, il faut l'asseoir sur le fait, les idées étant déterminées par les faits et non les faits par les idées. » Cela ne veut pas dire que l'action des hommes, l'action révolutionnaire soit inutile : les hommes peuvent hâter l'évolution mais ils n'en peuvent choisir le sens. Son orientation découle de l'infrastructure économique et technique et son aboutissement est inéluctable.

La lutte des classes. — Il en découle qu'à toute époque, les conditions de production dominantes divisent la société en deux classes antagonistes dont l'une exploite l'autre. « Le moulin à bras donne la société avec maître et esclave ; le moulin à eau donne la société avec serf et suzerain ; le moulin à vapeur la société avec capitaliste industriel et salarié. » Aujourd'hui, les deux classes se retrouvent avec, d'un côté, les capitalistes, propriétaires des moyens de production, de l'autre, les prolétaires à qui incombent les tâches d'exécution. Les premiers exploitent les seconds qui doivent ajouter au travail nécessaire pour assurer leur subsistance un supertravail non payé, destiné à enrichir leurs oppresseurs. Entre ces deux classes, la lutte est aujourd'hui plus vive que jamais, parce qu'elle revêt une portée internationale et que la population ouvrière, de plus en plus agglomérée dans les villes, devient plus sensible aux abus dont elle est victime.

2. **Causes économiques de l'évolution des sociétés.** — Sur le terrain ainsi préparé, ce sont les abus mêmes du régime capitaliste qui précipiteront sa perte. Il est miné par des contradictions internes dont la plus importante est l'antinomie entre un régime de production devenu collectif et un régime d'appropriation resté individuel. Au Moyen Age, les forces productives étaient faibles et les instruments de travail appartenaient tout naturellement au producteur. Avec l'extension du machinisme, la grande industrie s'est substituée à la petite entreprise et la production est devenue collective puisqu'une entreprise moderne exige le concours d'un grand nombre d'ouvriers. Cependant, la propriété des moyens de production est encore aux mains de quelques particuliers. Cette antinomie entraîne une exploitation des salariés par les capitalistes. On le démontre par deux théories, celle de la valeur travail et celle de la plus-value capitaliste.

La théorie de la valeur-travail dérive en droite ligne de la théorie classique de la valeur formulée par

Ricardo. Elle admet que la valeur des biens est déterminée par la quantité de travail nécessaire pour produire ces biens, quantité mesurée par le nombre d'heures consacrées à leur fabrication par un ouvrier d'habileté et d'ardeur moyennes.

Théorie de la plus-value. — Or, la force de travail des ouvriers est assimilable à une marchandise vendue à l'entrepreneur capitaliste. Le salaire des ouvriers devrait donc être égal à la valeur normale de la marchandise travail. Cette valeur normale correspondrait au nombre d'heures nécessaires pour fournir cette marchandise, c'est-à-dire au nombre d'heures nécessaires pour assurer la subsistance de l'ouvrier et le maintenir en état de produire. Supposons que huit heures de travail soient nécessaires pour assurer la subsistance de l'ouvrier ; normalement, le patron devrait le faire travailler huit heures et lui payer huit heures. En fait, il lui paie bien huit heures, mais le fait travailler plus longtemps, par exemple dix heures. Ainsi, la valeur créée par l'ouvrier, la valeur des produits fabriqués est supérieure au salaire qui lui est attribué. Cette différence constitue la plus-value, le profit de l'entrepreneur capitaliste. Son existence est de l'essence même du régime capitaliste, mais elle va, en même temps, entraîner sa ruine.

3. Modalités de l'évolution des sociétés.

Loi de l'accumulation croissante des capitaux. — La plus-value perçue par le patron est d'autant plus élevée que ses ouvriers sont plus nombreux. Il a donc intérêt à accumuler des capitaux pour embaucher plus de personnel et payer davantage de salaires, générateurs de plus-value. Mais, si le capital engendre ainsi la plus-value, les plus-values perçues contribuent, à leur tour, à former de nouveaux capitaux.

Loi de la concentration capitaliste. — Cette accumulation de capitaux entraîne un accroissement constant de la production. Mais les ouvriers ne peuvent acheter toutes les marchandises produites par leur travail puisque leur salaire est inférieur à la valeur réelle de ce travail. Il en résulte des ruptures d'équilibre entre production et consommation, l'engorgement du marché, des crises de surproduction. Ces crises entraînent la faillite des petits producteurs indépendants : artisans, petits commerçants, qui ne peuvent résister à la chute brutale des prix. Leurs entreprises sont absorbées par des groupes puissants dont ils sont réduits à devenir salariés. C'est le double phénomène de la prolétarisation des classes moyennes et de la constitution d'entreprises toujours plus vastes (*Trusts*, *Konzerns*, etc.).

Loi de l'expropriation automatique. — Le développement des grandes affaires se fait surtout sous forme de sociétés anonymes qui remplacent les petites et moyennes entreprises individuelles. Or, dans la société anonyme, le profit est attribué à l'actionnaire qui a fourni les capitaux mais qui, le plus souvent, ne prend aucune part à la gestion. Ce profit apparaît alors très nettement comme indépendant de tout travail personnel de son bénéficiaire, comme prélevé sur le salaire dû à l'ouvrier. Le jour où toutes les entreprises importantes seront ainsi organisées en société anonyme, elles seront mûres pour l'expropriation ; un simple jeu d'écriture permettra de faire passer au nom de la nation tous les titres inscrits au compte des actionnaires. Ce sera la fin de la propriété privée des moyens de production qui deviendront propriété collective. Il suffira d'une grève générale déclenchée par les leaders du prolétariat, à l'occasion d'une crise plus violente que les autres, pour réaliser le changement de régime.

Tel est le schéma général d'une évolution que

Karl Marx considère comme fatale, inéluctable. On parle, à ce propos, de thèse catastrophique, entendant par là la prédiction d'un cataclysme inévitable qui balayera propriété privée et capitalisme.

Après cette révolution, un régime collectiviste remplacera le précédent, mais sur ce régime futur, K. Marx reste très discret. Entendant seulement dégager scientifiquement le sens de l'évolution de sociétés, d'après l'observation des faits, il se refuse à construire des plans de cités idéales, toujours entachés d'arbitraire.

Sachons seulement que la propriété des moyens de production devant être attribuée à la collectivité, le produit du travail de tous sera réparti au prorata du travail fourni par chacun. Il en résultera, à la fois, la disparition de toute exploitation et la suppression des crises de surproduction. Chaque ouvrier touchera la part exacte imputable à son activité, sans prélèvement injuste d'une plus-value, d'un profit. Chacun pourra ainsi acheter l'équivalent de sa propre production, d'où suppression des crises économiques : l'équilibre sera assuré entre production et consommation.

III. — L'Ecole marxiste

La doctrine de Marx va exercer une influence profonde sur les masses ouvrières et sur l'évolution politique et sociale du monde. Sur le plan purement doctrinal, elle donnera lieu à de multiples exégèses et provoquera à la fois des adhésions enthousiastes et des polémiques passionnées. Certaines critiques d'ailleurs, et non des moins pertinentes, certaines déviations aussi, viendront de penseurs se prétendant les héritiers spirituels du maître. Leurs interprétations extensives arracheront, un jour, à Karl

Marx ce cri désabusé : « Pour ma part, je ne suis pas marxiste. »

Les disciples les plus orthodoxes s'efforcent seulement d'adapter le marxisme à la fois, aux données de la réalité et aux progrès de la théorie économique. *Kautsky* par exemple, estime que Marx, malgré son génie, n'a pu raisonner que sur l'expérience de son temps et des siècles passés. Ce n'est pas le trahir mais l'enrichir que d'appliquer ses méthodes d'analyse et d'interprétation à des événements ultérieurs qu'il ne pouvait prévoir. Son effort se cantonne, d'ailleurs, au domaine de la théorie ; il laisse à d'autres le soin d'en tirer les conséquences pratiques.

Mais parmi les autres « Marxistes », des divergences notables se font jour sur le sens et la portée de certaines des thèses fondamentales. La principale porte sur la thèse catastrophique elle-même. Sous quelle forme se produira la « catastrophe » qui déclenchera le changement de régime ? En un temps ou en plusieurs fois ? A brève échéance ou dans un long délai ? Par une conquête légale du pouvoir ou par une révolution violente ? A cet égard, on peut distinguer deux courants principaux.

1. **Le marxisme réformiste.** — Certains croient à la possibilité d'améliorer le sort de la classe ouvrière par des mesures immédiates dans le cadre du régime existant, sans attendre le terme d'une évolution peut-être encore éloigné. Ils sont menés à ces conclusions par une critique sévère des thèses de Marx, dans lesquelles ils n'hésitent pas à relever de nombreuses erreurs. Ils arrivent à les vider de leur contenu révolutionnaire, soutenant que des procédés pacifiques, comme l'action parlementaire, permettent de réaliser des réformes beaucoup plus efficaces que le recours à la violence.

En Allemagne, le meilleur représentant de cette tendance est Edouard Bernstein qui s'attaque aux principales charnières de la théorie marxiste.

— La théorie de la concentration capitaliste se heurte, estime-t-il, à la leçon des faits. Il est exact, en général, que les grandes affaires sont de plus en plus nombreuses, mais il est faux que le nombre des petites diminue. On note, au contraire, dans l'industrie et le commerce, une augmentation continue du nombre des petites et moyennes entreprises et, dans l'agriculture, on ne trouve aucun mouvement de concentration notable.

— La lutte des classes conçue comme l'opposition entre capitalistes et prolétaires, est beaucoup trop simpliste. La réalité est plus complexe et plus nuancée. Les deux classes ainsi distinguées ne sont pas homogènes. Dans la classe capitaliste, les commerçants s'opposent aux industriels et aux propriétaires fonciers, les prêteurs aux emprunteurs ; dans la classe prolétarienne, manœuvres et spécialistes ont des intérêts opposés, les ouvriers s'opposent aux employés. Toutes ces différenciations sont encore aggravées par des oppositions ethniques, confessionnelles, politiques.

— Enfin, si l'on enregistre des crises périodiques dans la production et les échanges, rien ne montre que leur gravité aille croissant. Il n'y a aucun indice d'un cataclysme prochain devant submerger le régime.

Par conséquent, la classe ouvrière ne doit pas s'hypnotiser sur le but final, en attendant un avènement fatal du collectivisme et en s'efforçant seulement de le hâter par la violence. Elle doit chercher une amélioration immédiate de son sort par l'action syndicale et politique.

En France, ce courant de pensée sera représenté par Jean Jaurès (1859-1914), qui essaie de réaliser une intéressante synthèse entre le matérialisme de Marx et l'idéalisme de Proudhon.

Il reconnaît les mérites du matérialisme historique qui a contribué à éliminer le verbalisme des discussions sociales, mais n'y adhère pas. Il croit au progrès, non seulement sur le plan matériel, mais aussi sur le plan moral. Il souhaite l'avènement du collectivisme qui permettrait de réaliser une plus grande justice sociale, mais ne renonce pas à la liberté individuelle. Il demande que l'Etat, devenu propriétaire des moyens de production, en remette l'exploitation à des organisations professionnelles. Il n'exclut pas l'idée de révolution, mais croit à l'infiltration possible du socialisme par l'action combinée du parti et du syndicat. Il souligne la nécessité de ne pas négliger les améliorations du sort de la classe ouvrière immédiatement réalisables, « dans l'attente d'un paradis perdu dans les brumes de l'avenir ».

En Angleterre, assez proche de cette position est, à bien des égards, celle des *Socialistes Fabiens* (S. et B. Webb, B. Shaw, H. G. Wells), plus soucieux de diffuser une forme de pensée socialiste que d'élaborer un programme systématique.

Enfin, on peut en rapprocher également, les *socialistes agraires* (Henri George, Gossen, Walras) partisans de la confiscation de la rente foncière par l'impôt, voire de la collectivisation des terres.

2. **Le syndicalisme révolutionnaire.** — A ces tendances réformistes, s'oppose le syndicalisme révolutionnaire qui met l'accent, au contraire, sur la nécessité d'une action révolutionnaire violente pour assurer le triomphe du collectivisme.

Il est représenté d'abord par des militants ouvriers, tels Pouget, Pataud, Delasalle et surtout Pelloutier, l'apôtre des Bourses du Travail. Leur action aboutit à la reconnaissance, en 1884, du droit syndical et à la création, en 1895, en France, de la Confédération Générale du Travail (C. G. T.). Celle-ci affirme, en 1905, en son Congrès d'Amiens, son indépendance à l'égard des partis politiques et l'autonomie du mouvement syndical, position qu'elle parviendra à faire triompher jusqu'au lendemain de la première guerre mondiale.

Dans l'intervalle, la doctrine du syndicalisme révolutionnaire aura été systématisée par des intellectuels, sans influence immédiate sur le mouvement ouvrier, mais dont l'œuvre aura une portée considérable sur les révolutions d'entre les deux guerres et particulièrement sur Mussolini et le fascisme italien : Georges Sorel et ses disciples : Ed. Berth et H. Lagardelle.

Cette doctrine tend à faire du syndicat l'instrument essentiel de la révolution sociale et la cellule de base de l'organisation future.

Son but est la disparition de l'Etat politique, support du capitalisme. Il faut le remplacer par un Etat économique, c'est-à-dire par un gouvernement de producteurs. La base en sera les syndicats, devenus propriétaires des instruments de production et regroupés en fédérations, puis en confédération. C'est eux qui répartiront les tâches, adapteront la production aux besoins, assureront la distribution des produits et la rémunération des travailleurs.

L'idéal reste un régime où la production sera organisée librement, chacun s'engageant où et quand il lui plaira. La contrainte patronale fera place à une discipline librement consentie, la seule autorité nécessaire étant d'ordre technique. Aucune diminution de la production n'est à redouter de la suppression des contraintes traditionnelles, la modification du milieu social entraînant celle de la psychologie individuelle. Le stimulant de l'intérêt personnel sera remplacé par le sentiment de l'honneur et le goût de la tâche bien faite.

Dans ce régime, il n'y aura plus d'exploitation de l'homme par l'homme. Le Profit disparaîtra et un traitement généralisé remplacera les divers revenus capitalistes, en attendant que le progrès des mœurs permette de répartir les biens obtenus en fonction des seuls besoins subjectifs.

Les moyens préconisés pour parvenir à cet idéal sont l'action syndicale seule, toute activité politique ne pouvant que briser l'élan révolutionnaire de la classe ouvrière.

La démocratie parlementaire, en effet, est injustifiable à tous égards. Au point de vue économique, elle consacre les droits acquis et perpétue les privilèges au lieu de favoriser un régime de production et d'échange progressif. Au point de vue social, elle émousse la lutte des classes, les partis politiques favorisant toujours les transactions. Au point de vue moral, elle est responsable de l'abaissement des consciences, les compromissions parlementaires empêchant l'élan mystique nécessaire à une grande œuvre.

Il faut donc recourir uniquement à l'action directe, en multipliant grèves, boycottages, sabotages, pour entraîner les travailleurs en vue de la grève générale qui déclenchera la Révolution sociale. Sorel fait l'apologie de la violence, seule capable de provoquer, chez les syndicalistes, un enthousiasme révolutionnaire qu'il compare à la ferveur des premiers chrétiens et à l'ardeur guerrière des soldats de la Révolution. Il lui attribue un pouvoir purificateur et fait de la grève générale un véritable mythe, une idée-force susceptible de faire triompher le socialisme.

APPENDICE

L'HISTORISME ET LE MARGINALISME (1)

Tandis que se déroulent ces débats doctrinaux, sur le plan de la science pure des polémiques non moins passionnées opposent partisans et adversaires des classiques en une mémorable querelle des méthodes.

I. — L'Ecole historique

L'Ecole historique est un mouvement de pensée occupant toute la deuxième moitié du XIXe siècle en Allemagne.

1. **Son apport.** — Les lois générales et universelles que les classiques croyaient dégager sont, en réalité, relatives. Les conditions économiques et sociales se modifiant constamment, les régularités observées se modifient en même temps. Il est impossible d'élaborer une théorie, et par conséquent une politique économiques valables pour tous les temps et tous les milieux.

En outre, une psychologie insuffisante et trop étroite les mène à des conclusions erronées. Ils posent en principe que l'homme est mû uniquement par son intérêt personnel et réduisent l'économie politique à « une histoire naturelle de l'égoïsme ». Or, le comportement économique des hommes obéit à bien d'autres mobiles : sentiment du devoir, amitié, philanthropie, désir de gloire, ambition.

Enfin, l'abus de l'abstraction les conduit à donner non pas une image mais une caricature de la réalité économique. Leur théorie se ramène à un petit nombre de théorèmes relatifs

(1) Bien que cet ouvrage soit essentiellement centré sur l'aspect *doctrinal* de l'histoire de la pensée économique (cf. *supra*, p. 5), il a paru indispensable, pour donner une vue exacte de l'évolution générale de cette pensée, d'y insérer quelques développements sommaires sur les Ecoles plus spécialement préoccupées de l'aspect purement théorique des problèmes économiques.

aux prix, aux salaires, à l'échange international. Elle a perdu tout lien avec la vie concrète.

L'économiste doit étudier l'activité économique dans le milieu où elle se manifeste. Il doit substituer une méthode inductive à la méthode déductive et observer méthodiquement les faits pour avoir un tableau aussi complet que possible de l'activité humaine. Pour cela, un instrument de recherche est tout indiqué : l'Histoire.

2. **Représentants.** — Les principaux représentants en sont :

Roscher qui voit seulement dans l'étude de l'histoire des faits économiques, le moyen d'illustrer la théorie économique.

Hildebrand et Karl Knies qui croient que l'historien peut procéder à de suggestifs rapprochements pour dégager des analogies entre les phénomènes étudiés et en faciliter l'interprétation.

Bücher, Sombart, Max Weber et Schmoller qui veulent élargir par l'étude du passé le champ d'observation de l'économiste, afin de dégager, d'une manière plus scientifique, les rapports économiques existant entre hommes et choses.

II. — Les Ecoles marginalistes

Le marginalisme est représenté par les Ecoles mathématique et psychologique, fondées entre 1860 et 1875. Il est une réaction, à la fois contre l'école classique, qui n'a pas su formuler des lois rigoureusement scientifiques, et contre l'Ecole historique qui n'aboutit qu'à juxtaposer des faits sans dégager de lois. Aussi, se propose-t-il de revenir à la méthode déductive des classiques, mais en la modifiant, de manière à parvenir à une science exacte. D'accord sur un certain nombre de principes de base, les deux écoles marginalistes se séparent en ce qui concerne le mode de raisonnement à adopter.

1. **Principes de base communs.** — Le *principe hédonistique.* Les deux Ecoles admettent, par hypothèse, que l'homme recherche son intérêt personnel et le maximum de satisfaction avec le minimum d'effort. Elles ne méconnaissent pas que le comportement humain peut provenir d'autres mobiles, mais il est manifestement impossible de prendre en considération toutes ces nuances de psychologie individuelle. S'il veut faire œuvre scientifique, l'économiste doit s'en tenir au mobile dominant : l'intérêt personnel.

Des rapports d'interdépendance unissent souvent les phénomènes économiques et non pas toujours des rapports de causalité à sens unique. Les classiques dégageaient seulement des relations de cause à effet, établissant par exemple que le prix des marchandises dépend du volume de leur offre et de leur demande. Or, à son tour, le niveau des prix réagit sur le volume de l'offre et de la demande. Les relations existant entre les deux phénomènes sont des relations fonctionnelles ; ils sont respectivement cause et effet l'un de l'autre.

Enfin, *Une théorie nouvelle de la valeur*, découverte à peu près simultanément par C. MENGER en Autriche, L. WALRAS en Suisse et S. JEVONS en Angleterre constitue l'apport essentiel des Ecoles marginalistes.

La valeur des biens ne dépend pas, comme le croyaient les classiques, d'un élément objectif, de leur coût de production, mais d'un élément subjectif : leur utilité. C'est un renversement complet de la position traditionnelle ; on se place, pour expliquer la valeur, non plus du côté des producteurs, mais du côté des consommateurs. On édifie ainsi une théorie qui explique la valeur des biens par l'utilité de la dernière unité disponible de ces biens. C'est la *théorie de l'utilité finale ou marginale* qui vaudra pour expliquer non seulement le prix des marchandises mais celui des facteurs de la production, du travail humain (salaire), du capital (intérêt), etc.

2. **L'Ecole Mathématique.** — Sur ces bases, l'Ecole mathématique suisse va construire une théorie économique en substituant le raisonnement mathématique, et spécialement la méthode des variations fonctionnelles, au raisonnement logique des classiques. Elle a pour précurseur le Français Cournot, auteur, en 1838, de *Recherches sur les principes mathématiques de la théorie des richesses*, qui passent inaperçues. Après lui, elle triomphera avec le Français Walras, l'Italien Pareto et l'Anglais Jevons.

— Léon WALRAS. Devant l'hostilité de l'école orthodoxe, c'est à Lausanne que Walras doit aller exposer les principes de la méthode mathématique, d'où le nom d'Ecole suisse ou d'Ecole de Lausanne donné à ce courant de pensée.

Pour lui, l'économie politique pure a seule un caractère scientifique. Le nœud en étant la théorie de la valeur d'échange, elle peut s'étudier en recourant aux formules mathématiques tout comme la théorie de la force ou de la vitesse. Et Walras développe un certain nombre de théorèmes appuyés sur des appels au calcul infinitésimal, où entrent en jeu les notions d'offre, de demande, de valeur. Il établit ainsi les conditions de détermination des prix dans un régime de concurrence parfaite et en déduit une théorie de l'équilibre général des marchés. Celui-ci s'établit, dans le régime de concurrence parfaite de l'économie pure, au prix pour lequel il y a, à la fois, égalité des quantités de chaque marchandise demandées et offertes par tous les échangistes et obtention, pour chacun d'eux, du maximum d'utilité.

— W. PARETO qui lui succèdera dans la chaire de Lausanne utilise aussi la méthode mathématique, mais en ne limitant pas ses recherches à l'étude de la concurrence. Il applique le même raisonnement au cas des prix de monopole. Par ailleurs, il ne s'en tient pas à l'économie pure, mais fait aussi de la sociologie générale.

— Stanley JEVONS expliquera par le même procédé les données psychologiques de base de l'économie politique : Plaisir ou satisfaction, douleur ou peine. « L'Economique » repose sur les lois de la satisfaction humaine ; le problème consiste donc à porter au maximum la somme algébrique de ces satisfactions, les efforts ou les peines étant représentés comme des satisfactions négatives.

3. L'Ecole psychologique. — Les auteurs groupés sous les noms d'Ecole psychologique, Ecole autrichienne, ou Ecole de Vienne, vont donner l'analyse la plus fouillée du concept d'utilité marginale et en dégager toute la portée.

Carl MENGER entend expliquer par lui à la fois la valeur des biens de consommation et celle des biens de production et, renversant la relation causale traditionnellement admise, il soutient que c'est la valeur des produits qui détermine celle des moyens producteurs. Les premiers correspondent à des besoins hiérarchisés dont l'intensité décroît au fur et à mesure qu'ils sont mieux satisfaits. Si l'on dispose d'une plus grande quantité de ces biens, l'utilité de chacun d'eux sera plus réduite, les besoins pouvant être satisfaits en plus grand nombre et plus complètement. La valeur de chaque unité d'un lot de biens homogènes, se mesure à l'intensité du dernier besoin satisfait, c'est-à-dire à l'utilité de la dernière unité disponible.

Quant aux biens de production, ils n'ont aucune utilité directe, aucune valeur par eux-mêmes. Leur valeur provient de celle des biens produits et comme un même bien de production sert, le plus souvent, à fabriquer divers produits, sa valeur sera égale à celle du moins utile des biens produits, c'est-à-dire à sa productivité marginale.

VON WIESER, Bohm BAWERK et H. MAYER, ses premiers disciples autrichiens, s'efforceront de compléter la théorie en élucidant le problème de l'imputation, de la répartition de la valeur du produit entre les divers facteurs concourant à sa production.

Ils précisent, par ailleurs, l'application du concept de

productivité marginale au travail humain (salaire) et au capital (intérêt) et réintroduisent la notion de coût à côté de la notion d'utilité, pour expliquer la valeur des biens et des services. Mais il s'agit désormais d'un coût psychique et non plus matériel, comme celui de Ricardo, de l'estimation de l'effort fourni, de la peine prise, du sacrifice consenti par le producteur, le travailleur ou l'épargnant. C'est la « désutilité » qui intervient en face de l'utilité.

John Bates Clark et N. T. Carver, de leur côté, diffuseront l'analyse marginaliste dans la littérature économique anglo-saxonne et en feront la base d'une théorie complète de la répartition.

*
* *

Période de règlementation corporative et étatique, le début du XVIIIe siècle avait vu, dans le domaine des idées, s'affirmer les droits de l'individu et ses aspirations à la liberté. Le siècle suivant où triomphe l'abstentionnisme connaît, au contraire, sur le plan doctrinal, un retour aux thèses interventionnistes et étatiques qui trouvent leur forme extrême dans le collectivisme totalitaire, tant il est vrai que « Les doctrines économiques d'une époque sont toujours le reflet de l'expérience malheureuse des générations passées ».

En dépit des apparences cependant, M. Gonnard l'a fortement souligné, ces courants opposés s'inspirent tous les deux d'une conception analogue, d'une conception individualiste. La doctrine libérale est l'individualisme des forts, la doctrine socialiste, l'individualisme des faibles. « Au nom des individus aptes et habiles, les uns demandent que l'Etat se borne à faire respecter entièrement la liberté et la propriété ; au nom des individus médiocrement armés pour la lutte, qui constituent le grand nombre, les autres restreignent la liberté... et suppriment la propriété. »

Les droits de l'individu restent le cœur du débat et leur sauvegarde est l'objectif ultime de presque tous les auteurs. Certains restreignent seulement leurs préoccupations aux individus d'élite jugés susceptibles de faire progresser la production et le bien-être général tout en assurant leur prospérité personnelle. D'autres affirment, au contraire, leur souci de sauvegarder les droits de tous les membres du corps social et s'efforcent d'atténuer les inégalités de la répartition des richesses.

En fait, les expériences inspirées de ces courants divergents révéleront bien vite les défauts des deux systèmes, en leur forme extrême : exploitation de certaines catégories sociales par d'autres et déséquilibre chronique dans le premier cas, asservissement général à l'Etat oppresseur dans le second. L'intérêt général — et celui de chacun — sont loin d'être toujours assurés.

Peuvent-ils, d'ailleurs, vraiment l'être d'une manière absolue ? Il est sans doute chimérique d'espérer une société toujours plus prospère, à la fois sans injustices et sans soubresauts. N'est-il pas possible cependant, compte tenu des imperfections de la nature humaine, de concevoir un régime assurant un meilleur équilibre entre l'intérêt de la collectivité prise dans son ensemble et celui de ses membres considérés isolément, un régime permettant un développement plus harmonieux de toutes les personnes humaines qui composent le corps social ?

TROISIÈME PARTIE

VERS UN HUMANISME ÉCONOMIQUE

La première moitié du XXe verra à la fois l'apogée du capitalisme et sa crise, certains disent son déclin.

L'apogée du capitalisme s'affirme dans la période précédant la première guerre mondiale.

Il s'épanouit, d'abord, en Europe. En Grande-Bretagne, en France, en Allemagne, la production s'accroît considérablement, les échanges internationaux se développent, le crédit joue un rôle prédominant. Cet essor est rendu possible par une seconde révolution industrielle due à l'apparition d'instruments techniques nouveaux (moteur à explosion, électricité), de procédés de fabrication perfectionnés (Fours Martin, Thomas) et à l'application des sciences à l'industrie (colorants, explosifs). Il est accéléré par le développement concomitant de nouveaux instruments économiques : valeurs mobilières et sociétés anonymes. Par elles sont rassemblés des capitaux considérables rendant possibles la production en grand et la constitution de puissantes entreprises concentrées.

Le capitalisme se développe, aussi, hors du continent européen avec l'industrialisation des Etats-Unis et du Japon. Cet essor de pays auparavant acheteurs va bientôt entraîner non seulement la fermeture de certains débouchés traditionnels des producteurs européens, mais l'apparition de nouveaux concurrents. En outre, cet accroissement du potentiel de production du monde contient déjà, en lui-même, les germes de la crise prochaine du régime parvenu à son apogée.

La crise du capitalisme s'amorce avec la première guerre mondiale qui prépare le déclin de l'Europe dans l'économie mondiale, les pays belligérants étant supplantés, sur les marchés mondiaux, par les neutres qui développent considérablement leur industrie et leur agriculture. Elle se manifeste, d'abord, par les Révolutions de l'après-guerre, Révolution soviétique de 1917 qui instaure, en Russie, un régime collectiviste fondé sur la doctrine marxiste, révolutions italienne (1923) et allemande (1933) qui conservent bien du capitalisme le principe de la propriété privée mais le vident de son libéralisme. Elle s'affirme, surtout, avec la crise économique de 1929. Déclenchée aux Etats-Unis, celle-ci gagne tous les pays, sauf le Japon et la Russie, et prend très vite une ampleur et une gravité qui en feront, aux yeux de certains, non pas une simple crise périodique de surproduction, mais une crise affectant les principes mêmes du régime. Elle entraîne, partout, effondrement des prix, dépression des affaires, chômage, faillites et dévaluations monétaires.

Tous ces événements auront des répercussions profondes sur l'organisation de la production et des échanges. La structure du régime capitaliste était caractérisée, au XIXe siècle, par la conjonction de la propriété privée et de la liberté économique. La première est tant bien que mal sauvegardée, dans les nations occidentales tout au moins, mais la seconde disparaît progressivement.

La structure des entreprises évolue de la forme individuelle à la forme collective et, partant, de la concurrence au monopole. Aux petites entreprises familiales des XVIIIe et XIXe siècles succèdent, de plus en plus, des entreprises géantes organisées en sociétés anonymes. On passe d'un capitalisme de petites unités et concurrentiel à un capitalisme de grandes unités et monopolistique.

L'organisation de la production à l'intérieur de chaque pays cesse d'être abandonnée à l'initiative privée. Les gouvernements interviennent de plus en plus dans la vie économique pour réglementer non seulement les conditions du travail (salaires, durée, congés, etc.) mais les prix, le taux de l'intérêt, la répartition des matières premières et des produits. Ils n'hésitent pas à se substituer à l'initiative privée pour assurer la gestion de certains services économiques et de certaines industries-clés (transports, mines, banques, assurances). Le capitalisme individualiste et abstentionniste fait place à un capitalisme interventionniste et parfois à un capitalisme d'Etat.

Les échanges internationaux de leur côté, au lieu de se développer librement, se heurtent à des obstacles de plus en plus nombreux. Les barrières douanières se multiplient et se diversifient. Les droits de douane traditionnels sont doublés de contingentements et de mesures autarciques. Le contrôle des changes et les accords de clearing renforcent le contrôle des mouvements de marchandises par celui des mouvements de capitaux. Au capitalisme cosmopolite et libre-échangiste succède un capitalisme national et autarcique.

La guerre de 1939 précipitera encore ces trois évolutions. Consacrant, au point de vue économique, le déclin de l'Europe au profit des Etats-Unis dotés d'une puissance industrielle et financière jamais égalée, provoquant au point de vue politique la coupure du monde en deux blocs antagonistes, pays capitalistes et pays collectivistes, elle accentue les tendances monopolistiques et interventionnistes de l'économie moderne et même, en dépit de louables efforts, ses tendances autarciques.

Ces bouleversements vont amener les auteurs à une révision profonde des idées admises jusqu'alors, en matière économique. A vrai dire, entre les deux guerres et depuis le second conflit mondial, aucune doctrine vraiment neuve et originale ne sera présentée. On se contentera de réexaminer les doctrines traditionnelles, à la lumière de l'expérience acquise, et d'en donner une représentation rajeunie (néo-socialisme, néo-interventionnisme, néo-protectionnisme, néo-corporatisme, néo-libéralisme, néo-capitalisme).

C'est seulement sur le plan de la théorie pure qu'un apport original sera réalisé avec l'œuvre de J.-M. Keynes, et avec les travaux déclenchés par son analyse, entièrement nouvelle, de la structure et du fonctionnement de l'économie contemporaine.

Chapitre Premier

LE NÉO-PROTECTIONNISME ET LE FÉDÉRALISME

La doctrine protectionniste, élaborée progressivement des mercantilistes à F. List, va se ramifier en deux courants, l'un tendant à en dépasser les conclusions, l'autre à les assouplir pour aboutir à un Fédéralisme continental, simple étape vers un Fédéralisme mondial.

I. — L'exaspération du nationalisme économique

Certains auteurs vont se faire les apôtres d'une limitation rigoureuse des échanges internationaux. C'est la doctrine de l'*autarcie* soutenue par des économistes et des hommes d'Etat allemands et italiens, et appliquée par leurs pays entre 1938 et 1939. Le principal théoricien en est l'Allemand Fried.

1. **Le Principe.** — Chaque pays doit se suffire à lui-même en temps de paix comme en temps de guerre. Pour cela, il doit arrêter l'entrée sur son territoire des produits étrangers et développer au maximum ses forces productives, en exploitant toutes ses ressources industrielles et agricoles, et en recourant à des succédanés pour les produits qu'il ne possède pas. Cette protection générale et permanente lui vaudra sans doute, dans bien des cas, de se priver de produits étrangers plus satisfaisants que ceux qu'il peut obtenir chez lui, mais le but de la politique économique n'est pas d'assurer la prospérité des habitants, mais bien l'indépendance économique du pays. C'est la conception de l'économie de puissance par opposition à l'économie libérale de bien-être.

2. **Les formes.** — D'accord sur ces principes de la politique autarcique, les auteurs se séparent en ce qui concerne ses buts et son cadre géographique.

Les Buts. — L'autarcie peut être imposée ou délibérée : la première, dite autarcie de repliement, est celle que les circonstances imposent à un pays, ce fut le cas, par exemple, de l'Italie après les sanctions de la S. D. N., lors de l'affaire d'Ethiopie, en 1935 ; ce fut le cas de la France, coupée de ses sources d'approvisionnement extérieures, après l'armistice de 1940. Elle tend seulement à adapter la production nationale aux besoins du pays ; la deuxième, ou autarcie d'expansion, résulte d'un plan systématique, volontairement adopté par un pays, comme l'Allemagne nazie. Elle vise à développer au maximum le potentiel de production interne, quitte à faire intervenir ensuite la notion d'espace vital pour s'assurer des débouchés.

Le Cadre géographique. — Cette politique se déroule au sein soit d'un pays, d'un Empire colonial ou d'un Continent.

L'autarcie nationale se limite à l'espace économique d'une nation (Allemagne, Italie). L'autarcie impériale cherche à constituer un bloc indépendant d'une métropole et de ses colonies (Empire Français, Empire britannique). L'autarcie mégaspatiale ou des grands espaces, prétend diviser le monde en quelques grandes zones rassemblant des pays unis par la nature de leurs ressources, par des liens historiques ou raciaux, sous l'égide d'un Etat dominant. C'est ainsi que l'Allemagne à son apogée avait conçu la division du globe en trois grandes zones : la zone américaine, dominée par les Etats-Unis, l'Asie orientale dominée par le Japon, et l'Eurafrique rassemblant Europe et Afrique sous l'hégémonie allemande. Entre ces divers blocs, devait régner un protectionnisme rigoureux mais, au contraire, un régime libre-échangiste eût présidé aux échanges entre Etats membres de chaque grand espace.

II. — L'assouplissement du nationalisme économique

1. **Lucien Brocard,** professeur à la Faculté de Droit de Nancy. — L. Brocard se fait l'apôtre d'une organisation de l'économie sur une base régionale dans ses *Principes d'économie nationale et internationale.*

Le Principe. La Nation, admet-il, après List, doit être prise en considération dans l'étude des phénomènes économiques et dans l'élaboration d'une politique économique, mais elle ne doit pas l'être seule. Les relations humaines se développent au sein de trois cercles concentriques : *la région, la nation, le monde.* Il faut commencer par le fondement en organisant l'économie au sein de la région. Le développement des économies régionales permettra de réaliser une économie nationale complexe qui, elle-même, sera le prélude d'une organisation commerciale internationale.

Les Procédés. Pour atteindre ce résultat, deux stades sont à prévoir :

Un certain protectionnisme est nécessaire pour réaliser l'économie nationale complexe, mais seulement un protectionnisme modéré, protégeant les industries-clés ou compensant les charges exceptionnelles des entreprises nationales.

Une organisation commerciale internationale permettra ensuite de passer de l'économie nationale à une économie internationale, par exemple une union douanière européenne. Elle portera sur une orientation concertée des productions nationales, sur le contrôle des mouvements de capitaux, sur la politique d'immigration.

2. **Le Fédéralisme européen.** — On sait le regain

d'actualité que revêtent aujourd'hui ces idées avec les projets d'unification économique de l'Europe. Sous des noms divers (Union européenne, Fédération européenne, Etats-Unis d'Europe), c'est la constitution d'un marché européen unifié que préconisent les divers mouvements fédérés au sein du Mouvement européen (Union européenne des Fédéralistes, Mouvement démocratique et socialiste pour les Etats-Unis d'Europe, Nouvelles Equipes internationales...). Au sein de ce marché seraient mises en commun toutes les ressources agricoles, minières et industrielles du Continent. Une redistribution plus rationnelle des forces productrices pourrait y être réalisée permettant, à la fois, une augmentation de la productivité individuelle, l'accroissement de la production globale, et le relèvement des niveaux de vie.

L'Organisation européenne de Coopération économique qui groupe, depuis 1948, les nations de l'Europe occidentale, s'est efforcée de réaliser ce grand marché en encourageant la libéralisation des échanges intra-européens, la constitution d'une Union européenne de paiements et celle d'Unions économiques régionales (Benelux, Union douanière franco-italienne, Finebel, Uniscan).

L'opposition d'intérêts nationaux ou privés ayant entravé l'aboutissement de ces projets, on s'oriente, depuis quelque temps, vers la formule d'ententes spécialisées, rassemblant sous une autorité commune certains secteurs économiques (Communauté européenne du charbon et de l'acier, pool agricole, pool des transports, de l'énergie atomique, etc.).

Ainsi serait-il possible de réaliser progressivement l'unification économique du Continent et, par là, de préparer son unification politique et la création d'un Gouvernement et d'un Parlement européens.

CHAPITRE II

LES ÉCOLES SOCIALISTES

La doctrine socialiste qui semblait définitivement moulée dans la systématisation marxiste fera pourtant l'objet, entre les deux guerres, de révisions profondes. La révolution russe, en consacrant le triomphe des principes collectivistes, provoque des efforts tendant à préciser les thèses de Marx à la lumière de l'expérience et aboutit au résultat paradoxal de multiplier les scissions au sein de la classe ouvrière au lieu de l'unifier.

I. — Le Bolchevisme

Les doctrinaires du Bolchevisme sont, en même temps, des hommes d'action qui jouent un rôle actif dans la Révolution soviétique ou dans les partis communistes européens. Citons seulement, Lénine, avec *L'Etat et la Révolution* et *L'Impérialisme, stade suprême du capitalisme*, Varga, avec *Les problèmes économiques de la dictature du prolétariat*, Rosa Luxembourg et Karl Liebknecht.

Pour eux, l'aboutissement de l'évolution marxiste doit être un régime dans lequel seront socialisés, à la fois, les moyens de production (collectivisme), et les biens de consommation (communisme). Mais la réalisation du communisme ne peut se faire d'un seul coup. Son avènement doit comporter deux phases, sur le plan politique comme sur le plan économique.

1. **Sur le plan politique**, l'idéal à atteindre est une société dans laquelle l'Etat sera inutile. L'Etat implique des oppositions irrémédiables entre deux classes sociales et son rôle est uniquement d'assurer la domination de l'une sur l'autre. Le jour où triomphera une société communiste sans classes, l'Etat deviendra inutile, mais pour arriver à ce stade de la démocratie prolétarienne, il est nécessaire de passer par une phase transitoire de dictature du prolétariat.

La dictature du prolétariat est nécessaire pour écraser l'ordre capitaliste et en extirper tous les germes : machine politique bourgeoise, classe bourgeoise, idéologie bourgeoise répandue jusque dans les milieux ouvriers. Pendant cette période, l'Etat restera un organe de classe, mais de la classe prolétarienne. C'est à ce stade qu'en est aujourd'hui la Russie soviétique.

La démocratie prolétarienne ne pourra être réalisée qu'après cette épuration définitive et elle pourra alors aboutir à un régime anarchiste idéal. Quand aura disparu tout ce qui déterminait l'existence des classes sociales : appropriation privée des moyens de production et idéologie capitaliste, seule subsistera une masse homogène de salariés. Aucune contrainte ne sera nécessaire pour éviter des conflits désormais sans objet et l'Etat pourra disparaître progressivement.

2. **Sur le plan économique**, une évolution parallèle mènera la société du capitalisme au communisme, en passant par le collectivisme.

Le collectivisme constituera une étape nécessaire de l'évolution. Dans cette phase transitoire, seuls seront socialisés, les biens de production (matières premières, usines, transports, terres) ; les biens de consommation pourront continuer à faire l'objet d'appropriation privée. La production sera organisée sur un mode autoritaire et les salaires seront encore fixés d'après l'effort fourni et non en fonction des besoins des travailleurs. C'est encore là le stade actuel de l'U. R. S. S.

Le communisme intégral reste l'objectif ultime. Il comportera la socialisation des biens de consommation tout comme celle des moyens de production. Toute trace de propriété sera abolie. Les travailleurs pourront être payés non plus d'après l'effort fourni, mais d'après leurs besoins, sans que l'on ait à redouter d'abus et de gaspillage, les désirs ayant été disciplinés et l'éducation des producteurs et des consommateurs achevée dans la période transitoire.

Mais pour que cette double évolution soit possible une expansion internationale de la dictature du prolétariat est nécessaire. La juxtaposition, dans le monde, de principes aussi contradictoires que ceux du communisme et du capitalisme est impossible. La nation prolétarienne isolée risque d'être étouffée par les Etats capitalistes qui l'encerclent. Il lui faut donc assurer par tous les moyens l'expansion de l'idée révolutionnaire dans le monde.

II. — Le Néo-Marxisme

A peine achevé ce remarquable couronnement de la doctrine de son fondateur, l'Ecole Marxiste connaît de nouveaux déchirements le jour où la succession de Lénine oppose en un conflit violent deux de ses disciples de la première heure : Staline et Trotsky. Leur opposition étant d'ailleurs d'ordre politique plus qu'économique, nous nous contenterons de la rappeler brièvement.

1. Le Stalinisme sacrifie davantage aux besoins de l'expérience russe dont le succès lui paraît la condition essentielle du triomphe définitif du socialisme dans le monde. Il ne craint pas, suivant la voie tracée par Lénine lui-même avec le Communisme de guerre et la N. E. P., d'assouplir les principes doctrinaux en fonction de ces besoins et d'adopter successivement des politiques économiques contradictoires pour y faire face, dans le cadre de plans quinquennaux. Il accepte même, à l'extérieur, une éventuelle collaboration avec les partis bourgeois au sein de gouvernements démocratiques, si les intérêts tactiques l'exigent, se réservant de les noyauter jusqu'à prise intégrale du pouvoir.

C'est la position défendue par Staline dans *Les principes du Léninisme*, *Le Marxisme et la question nationale*, et par les interprètes officiels de l'expérience soviétique. C'est celle adoptée par la IIIe Internationale et le Kominform qui groupent tous les partis communistes orthodoxes.

2. Le Trotskysme, plus intransigeant, s'élève contre « l'opportunisme » des chefs communistes et leur servilité à l'égard de la révolution russe qui pour lui n'est que « bonapartisme, césarisme et bureaucratie ». Trotsky, dans *La Révolution trahie*, préconise la lutte révolutionnaire des classes pour la prise du pouvoir par l'insurrection armée et la « révolution permanente » qui suppose la survivance de l'esprit révolutionnaire après le triomphe du socialisme. Il se prétend seul fidèle aux principes de Marx et ses vues sont défendues au sein d'une IVe Internationale, « avant-garde révolutionnaire » groupant les partis communistes internationalistes à tendance anarchisante.

III. — Le Néo-Syndicalisme

1. Entre les deux guerres. — L'immense espoir de libération suscité dans la classe ouvrière de tous les pays par la victoire du prolétariat russe fera vite place à de violentes controverses. Deux tendances s'affrontent au sein des syndicats comme des partis ouvriers : l'une, jalouse de sauvegarder l'autonomie de chaque mouvement national, l'autre soucieuse avant tout d'en coordonner l'action sous l'égide des autorités soviétiques.

En même temps que le parti socialiste unifié se scinde en deux tronçons, la S. F. I. O., fidèle à la IIe Internationale d'Amsterdam et le parti communiste S. F. I. C., rattaché à la IIIe Internationale de Moscou, la Confédération Générale du Travail se fractionne, en 1921, en deux Confédérations rivales.

La fraction majoritaire, qui garde le nom de C. G. T., fidèle à la Charte d'Amiens, affirme la nécessité de sauvegarder le caractère apolitique du mouvement syndical. Elle proclame toujours son attachement au syndicalisme révolutionnaire mais en fait passe, petit à petit, à un syndicalisme réformiste, abandonnant progressivement son programme de transformation économique et sociale totale pour des réformes moins ambitieuses mais plus immédiatement réalisables.

Au contraire, la fraction minoritaire de la vieille C. G. T. forme, en 1920, la Confédération Générale du Travail Unitaire (C. G. T. U.) qui garde un caractère spécifiquement révolutionnaire. Son histoire et son activité se confondent avec celles du parti communiste jusqu'en 1936, date où l'affaiblissement alarmant du mouvement syndical, oblige ses dirigeants à accepter la réunification du syndicalisme dans le cadre de la C. G. T. et sur les bases de l'autonomie syndicale.

2. **La guerre de 1939** verra d'abord la dissolution de toutes les fédérations syndicales nationales par le Gouvernement de Vichy qui essaie vainement d'instaurer une nouvelle conception du syndicalisme dans le cadre de la Charte du Travail. Cependant, ces organisations se reconstituent dans la clandestinité, réalisant même une unité d'action inconnue auparavant puisqu'elle englobe les syndicats chrétiens. Un manifeste du 15 novembre 1940, composé en commun par la C. G. T. et la C. F. T. C. (Confédération française des travailleurs chrétiens), pose les six principes essentiels du syndicalisme français : opposition à l'oppression capitaliste ; subordination de l'intérêt particulier à l'intérêt général ; place prépondérante du syndicalisme dans l'Etat ; respect de la personne humaine ; liberté syndicale ; collaboration internationale des peuples.

Les représentants de ces mouvements participent, au sein du Conseil National de la Résistance, à l'élaboration d'un programme de réformes de structure à réaliser à la Libération. Mais, dès celle-ci, les vieilles divergences reparaissent, aggravées par la place prépondérante prise par l'U. R. S. S. dans le concert des Nations et par le parti communiste à l'intérieur du pays. Les éléments communisants conquièrent la majorité au sein de la C. G. T. reconstituée, mais l'échec de la grève générale déclenchée par eux en décembre 1947, entraînera, bientôt, une nouvelle scission. Les minoritaires constituent alors une nouvelle centrale syndicale, la C. G. T. Force Ouvrière, qui prétend seule respecter la tradition du syndicalisme professionnel et apolitique. Cette qualité lui est d'ailleurs contestée par la Confédération des Syndicats Autonomes, de tendance anarchisante, tandis que, de son côté, la C. F. T. C. reste attachée au pluralisme syndical dans lequel elle voit une des garanties réelles de la démocratie.

On retrouve, sur le plan international, l'image de ces dissensions. Avant 1939, existait une Fédération syndicale internationale dont l'autorité était compromise du fait qu'elle ne groupait ni les syndicats soviétiques, ni les syndicats américains affiliés au C. I. O. (Committee for Industrial Organization.) Une conférence ouvrière mondiale, réunie à Londres en février 1945, réussit à mettre sur pied une Fédération syndicale mondiale, représentant plus de soixante millions de travailleurs de cinquante-six pays, mais, dès 1949, la scission des syndicats « occidentaux » remettait en question son caractère universel.

IV. — Le Néo-Socialisme

Si les courants néo-marxistes et néo-syndicalistes sont, au sein des Ecoles socialistes contemporaines, les plus importants par leur influence sur les masses, pour l'historien des doctrines économiques le plus intéressant reste le Néo-Socialisme *stricto sensu.* Seul, en effet, il a donné lieu à un effort de pensée vraiment original qui s'est traduit dans les ouvrages de l'homme d'Etat belge Henri de Man : *Au delà du Marxisme* et *L'Idée socialiste.* Cet auteur a exercé une influence déterminante sur de nombreux socialistes et même sur des non-socialistes qui n'en ont sans doute pas conscience. Il s'oppose au marxisme traditionnel, en prétendant non pas le combattre, mais le dépasser, en ce qui concerne les caractères et les moyens du socialisme. D'autres auteurs poseront même le problème des fins du socialisme.

1. **Les caractères du socialisme.** — Le Néo-socia-

lisme s'oppose au marxisme scientifique et déterministe pour retrouver la ligne du vieux socialisme français, idéaliste et volontariste.

Idéalisme : H. de Man proclame la nécessité de réimprégner le socialisme de notions éthiques et même religieuses. Il ne s'agit plus de prouver que le régime collectiviste doit fatalement succéder au capitalisme ; il s'agit de prouver qu'il serait plus juste et plus équitable. « Celui qui lutte pour un ordre social meilleur n'a pas besoin de la preuve scientifique que cet ordre doit inéluctablement venir. Il suffit que sa conscience lui commande de s'y dévouer. »

Volontarisme : Il en résulte que les hommes ne devront pas s'en remettre à une évolution plus ou moins fatale du soin d'assurer l'avènement du socialisme. Pour Marx, l'évolution vers le collectivisme était automatique, inéluctable. Elle était déterminée par l'infrastructure matérielle et technique de la société. Chez de Man et ses disciples, l'évolution dépend, avant tout, de la volonté humaine, de l'effort conscient et systématique d'hommes décidés à lutter pour leur idéal.

2. **Les Moyens du socialisme.** — Dans cette lutte, les hommes devront, à la fois, s'inspirer des leçons des expériences récentes et ne négliger aucune possibilité d'amélioration, même partielle, du sort des travailleurs.

Réalisme : L'exemple des révolutions russe, italienne, allemande, montre que, contrairement à ce que croyait Sorel, le parti politique est une arme plus efficace que le syndicat pour la prise du pouvoir. Les deux dernières montrent, également, que son efficacité est encore accrue s'il ne limite pas son recrutement au seul prolétariat, s'il fait appel à d'autres éléments négligés dans la division marxiste de la société en deux classes, aux classes moyennes dont l'évolution politique et sociale de l'entre deux guerres a mis en relief toute l'importance.

Réformisme : Il est indispensable, par ailleurs, que le socialisme aboutisse à des améliorations immédiates et concrètes du sort de l'humanité. « Le socialisme signifie le bonheur présent d'être actuellement vivants ou il ne signifie rien du tout. » Il faut donc réaliser sans tarder les réformes déjà possibles dans le cadre du régime capitaliste, sans attendre son remplacement intégral par un collectivisme encore lointain. Et dans cet esprit, H. de Man établit un plan qui aura un grand retentissement avant la dernière guerre et deviendra la charte du Parti socialiste belge. Ce plan prévoit la division de l'économie nationale en trois secteurs : un secteur nationalisé comprenant les industries-clés et celles déjà monopolisées par des trusts privés ; un secteur contrôlé, groupant les industries simplement cartellisées, celles au sein desquelles les ententes compromettent la concurrence entre producteurs ; enfin un secteur libre, abandonné à l'initiative privée et couvrant l'agriculture et le commerce.

Toutes les expériences modernes d'économie dirigée et de planification s'inspirent plus ou moins nettement de cette conception.

3. **Les fins du socialisme.** — Cet effort de renouvellement est complété par celui d'auteurs qui aboutissent à un élargissement notable du socialisme pour remettre en valeur les notions de nation et d'individu.

Conjonction du socialisme et du nationalisme : Le marxisme était essentiellement internationaliste, la notion de classe transcendant les frontières et les Nations. Or les régimes fascistes contemporains ont prétendu instaurer un socialisme national, seul susceptible, d'après leurs partisans, d'assurer l'intérêt de la nation, condition du bonheur de ses membres.

Cette position influencera très fortement les « néo-socialistes » français qui, en 1934, proclament la nécessité de repenser le socialisme dans le cadre de la Nation. Violemment combattus par les marxistes orthodoxes, ils verront, en fin de compte, leurs positions de principe adoptées et leur nationalisme exacerbé par leurs plus farouches adversaires.

Conjonction du socialisme et du libéralisme : Jusqu'alors, les auteurs socialistes, à quelques exceptions près, tel Proudhon, étaient partisans d'un accroissement du rôle de l'Etat. Seule la remise à l'Etat de la propriété des moyens de production pouvait, pensaient-ils, mettre un terme à l'exploitation d'une classe par l'autre.

De l'expérience russe, certains auteurs contemporains ont, au contraire, retenu le danger que présente pour l'individu un régime collectiviste étroitement étatisé. Ils protestent contre l'assujettissement de l'individu à un état totalitaire qui voit en lui une simple cellule productrice ; ils ne croient pouvoir assurer l'épanouissement de la personne humaine que dans un régime plus libéral. C'est la position de nombreux socialistes belges : Vandervelde, de Brouckère ; c'est celle, affirmée plus récemment en France, par M. Hauriou dans *Socialisme humaniste*, par Léon Blum dans son ouvrage *A l'échelle humaine* et surtout par L. Sédar Senghor, dans un brillant article de la *Revue Socialiste* de mars 1948 : Marxisme et humanisme.

V. — Le Socialisme coopératif

Enfin, rapprochons des doctrines socialistes proprement dites, comme nous l'avons fait pour le XIXe siècle, les travaux d'une Ecole dont tous les membres n'accepteraient sans doute pas l'épithète socialiste et n'en seraient d'ailleurs pas tous jugés dignes par les représentants du socialisme « officiel » : l'école coopérative.

1. **M. B. Lavergne** s'est fait le promoteur d'une forme d'entreprise, assez répandue en Belgique et voisine de certaines formules britanniques, la Régie coopérative. Elle est fondée sur l'idée que tout homme étant consommateur a le droit de participer, directement ou indirectement, à la gestion des moyens de production nécessaires à la fabrication des biens qu'il consomme.

Pour ce faire, la gestion de services ou d'activités d'intérêt général sera confiée à des entreprises publiques, constituées sous forme de sociétés anonymes. Les actionnaires de ces sociétés ne pourront être que les collectivités publiques (communes, départements) intéressées à leur activité et leurs bénéfices se trouveront ainsi automatiquement répartis entre les usagers, formule qui permettrait de « socialiser sans étatiser ».

2. **M. G. Lasserre** poursuit le même objectif dans un livre au titre suggestif *Socialiser dans la liberté*, en proposant une « planification coopérative ».

Le capitalisme concurrentiel ayant définitivement prouvé son impuissance sur le plan social (misère prolétarienne et lutte des classes), et sur le plan économique (crises, chômage, malthusianisme économique), la propriété privée des moyens de production apparaît, de plus en plus, comme « une survivance inutile, anachronique, encombrante et fragile ».

L'auteur estime que l'activité économique ne saurait avoir exclusivement pour objet de fournir des profits aux propriétaires de capitaux mais qu'elle est, avant tout, destinée à satisfaire les besoins de tous et doit être dirigée en fonction de l'intérêt général. Il considère que toute l'évolution contemporaine a son aboutissement normal dans le socialisme et voit le régime de demain dans une économie organisée et collective. Mais il entend que l'ordre social nouveau sauvegarde les valeurs humaines essentielles et les libertés fondamentales, ce qui ne signifie pas liberté pour l'entrepreneur de rechercher par tous les moyens le profit maximum, mais liberté de pensée, de conscience, d'expression et liberté de participer aux décisions concernant le sort des diverses collectivités dans lesquelles s'intègre l'homme.

Ce n'est possible que dans le cadre d'une organisation sociale collective, impliquant des réformes de structure à tous les étages de l'édifice économique. Au stade de l'entreprise, la souveraineté du capital doit faire face à une coopération de tous les agents de la production ; au stade du marché, une planification souple doit se substituer aux automatismes défaillants, mais si l'on veut éviter que cette planification ne dégénère en étatisme totalitaire, il n'est pour l'auteur d'autre moyen qu'une organisation coopérative généralisée.

Les besoins des familles associées détermineraient les commandes des magasins de détail. Celles-ci s'additionneraient à l'échelon des coopératives régionales puis des magasins de gros nationaux ou internationaux, pour former les ordres globaux de production adressés aux usines et déterminer les plans d'investissements nouveaux à entreprendre.

Ainsi serait possible une planification par en bas qui n'exigerait ni l'omniprévision surhumaine, ni la contrainte qu'implique une planification étatique.

Chapitre III

LE NÉO-INTERVENTIONNISME

Par suite de la guerre et de la crise, on enregistre, dans presque tous les pays, de 1920 à 1939, une intervention de plus en plus poussée de l'Etat en matière économique. Aussi des auteurs essaieront-ils de systématiser ces expériences souvent divergentes pour en tirer les principes d'une doctrine cohérente, la doctrine de l'économie dirigée.

Certains, cependant, ne se contenteront pas de cette analyse, *a posteriori*, et tenteront d'élaborer un programme fixant à l'avance le rôle de l'Etat et son domaine d'intervention : c'est le Planisme.

I. — L'Economie dirigée

Le mot d'économie dirigée est appliqué à des politiques fort différentes les unes des autres et il est encore mal défini. On a essayé de distinguer économie dirigée, organisée, concertée, rationnelle. Ces efforts sont assez vains, une véritable économie dirigée devant être organisée, concertée et rationnelle. On peut même dire que c'est ce qui la différencie d'un simple interventionnisme fragmentaire et incohérent. Les meilleures analyses en sont celles de M. B. de Jouvenel, de M. Lhomme, et surtout de M. Noyelle dans *Utopie libérale, chimère socialiste, économie dirigée.*

1. **Les principes.** — L'expérience prouve que le mécanisme libéral des prix n'assure pas automatiquement l'équilibre entre production et consommation, qu'il ne fait pas spontanément coïncider

l'intérêt des citoyens et l'intérêt général. Une direction de l'économie est nécessaire pour y parvenir ; ce dirigisme constituera un moyen terme entre libéralisme et socialisme.

Le Libéralisme est une utopie, car il repose sur quatre principes contradictoires : intérêt personnel, liberté, concurrence, responsabilité. Or, l'intérêt personnel peut mener les hommes à user de la liberté pour limiter la concurrence et éviter leurs responsabilités. Donc, laissé à ses propres forces, le système n'est pas équilibré. L'intervention de l'Etat est nécessaire en matière de production, de monnaie, de commerce international, de salaires. Une direction doit suppléer aux automatismes défaillants. Mais faut-il aller jusqu'au socialisme ? Non.

Le Socialisme est une chimère, car les hommes ne sont pas assez disciplinés, la machine gouvernementale n'est pas assez perfectionnée pour qu'un ordre autoritaire puisse être substitué à l'initiative privée et pour que le mobile du service social puisse remplacer celui de l'intérêt personnel.

Mieux vaut s'en tenir à un régime intermédiaire dans lequel l'action prépondérante exercée sur l'économie par certains intérêts privés serait contrôlée par l'Etat, défenseur de l'intérêt général.

2. **Les moyens.** — Il ne s'agit point de défendre toutes les improvisations, désordonnées et incohérentes, souvent baptisées dirigistes par des Gouvernements aux abois, mais de préconiser un ensemble systématique et rationnel de dispositions procédant d'un idéal bien défini et d'un objectif mûrement étudié. C'est pourquoi au vocable « économie dirigée » qui, pour lui, est suspect d'empirisme, M. Noyelle préfère le terme « directionnisme » qui correspond à une doctrine réfléchie.

Il ne précise pas, dans son livre, les moyens

qui lui paraissent propres à assurer cet ordre économique qui ne naît pas spontanément. Mais d'une brochure publiée par lui, en 1945, sous le titre *Révolution politique et révolution économique*, il résulte qu'il n'est pas favorable à des interventions directes (fixation autoritaire des prix et des salaires, contrôle de la production, rationnement de la consommation). Ses préférences vont à ces moyens d'action indirects qui ont aussi la faveur de Keynes ou de Hicks (politique rationnelle du crédit, politique monétaire, politique des investissements fondée sur une meilleure connaissance du revenu national, etc.), mais il ne croit ni aux plans généraux de direction de l'économie, ni même à la vertu de plans partiels.

II. — Le Planisme

Au contraire, le planisme veut régler par des programmes précis et détaillés l'ampleur et les modalités de l'intervention de l'Etat sur la structure ou sur la conjoncture économiques.

1. **Les Plans structurels.** — Avant la dernière guerre, les projets de planification présentés tendaient essentiellement à déterminer les modifications nécessaires dans la structure de l'économie. Le « Plan du 9 juillet », élaboré par des publicistes et des hommes politiques groupés autour de l'écrivain J. Romains, les plans de la C. G. T. et de la C. F. T. C., ceux du Comité Français du Plan, ou du Parti frontiste (Bergery) s'inspiraient tous du plan de Man, évoqué tout à l'heure et prévoyaient, comme lui, la division de l'économie en trois secteurs : Un secteur public dont propriété et gestion seraient nationalisés, les monopoles de fait étant transformés en services publics ; un secteur contrôlé, comportant un droit de regard de l'Etat sur les branches où les en-

tentes suppriment la concurrence ; un secteur libre pour le commerce et l'agriculture, qui échappent à la fois aux monopoles et aux ententes.

La plupart de ces plans prévoyaient aussi une certaine participation des travailleurs à la gestion des entreprises, sous forme de délégués ouvriers ou de comités d'entreprises.

2. **Les Plans conjoncturels.** — Depuis la dernière guerre, le planisme tend à agir non seulement sur la structure mais sur la conjoncture économique, sur le volume de la production en particulier. Des plans périodiques fixent des objectifs de production pour les principales branches (mines, métallurgie, matériaux de construction, agriculture) et prévoient la répartition des matières premières et des machines correspondantes. C'est à cette conception que répondait le programme adopté, pendant la guerre, par les organisations clandestines de Résistance, groupées au sein du C. N. R. Les mesures à appliquer dès la Libération du territoire comportaient non seulement le transfert à la Nation des entreprises monopolisées et des sources d'énergie, ainsi que la participation ouvrière à la direction de l'économie, mais « une organisation rationnelle de l'économie assurant la subordination des intérêts particuliers à l'intérêt général » et « l'intensification de la production nationale suivant les lignes d'un plan arrêté par l'Etat ».

C'est pourquoi, en même temps qu'étaient réalisées les nationalisations (mines, assurances, banques...) et les Comités d'entreprises, le Plan Monnet, « de modernisation et d'équipement », fixait pour une durée de quatre ans les étapes du redressement de l'économie française.

C'est d'une conception analogue que procède la planification réalisée en Grande-Bretagne par le Gouvernement travailliste, de 1945 à 1951.

CHAPITRE IV

LE NÉO-CORPORATISME

Dans certains pays (Autriche, Portugal), cette tendance à l'intervention croissante de l'Etat, revêt entre les deux guerres, une forme particulière, dont un grand nombre d'auteurs se feront les adeptes, celle du corporatisme. Les principaux représentants en sont, en France, M. Brethe de La Gressaye *(L'organisation corporative des professions, Le Syndicalisme, l'organisation professionnelle et l'Etat)* et M. Bouvier-Ajam *(La Doctrine corporative)* ; à l'étranger un auteur roumain M. Manoilesco *(Le Siècle du corporatisme)* et l'Italien Ugo Spirito *(Les fondements de l'économie corporative)*.

I. — Principes

Le but général de la doctrine est d'organiser les professions en constituant des groupements obligatoires pour tous leurs membres : les corporations, et d'établir, dans ce cadre, des contacts permanents entre patrons et ouvriers. Il ne s'agit plus évidemment de corporations artisanales comme celles du Moyen Age. C'est l'ensemble des activités économiques (industrie, commerce, crédit, agriculture) qui devrait faire l'objet d'une organisation professionnelle.

1. **Les fins du corporatisme.** — Le corporatisme est une réaction contre l'individualisme libéral.

Au point de vue social, il tend à supprimer la lutte des classes et surtout le recours aux moyens violents (grèves, lock-outs). La détermination des conditions du travail serait assurée par voie de conventions collectives conclues entre représentants patronaux et ouvriers et valables pour toute la profession. Les différends entre patrons et ouvriers seraient arbitrés par une magistrature du travail.

Au point de vue économique, le corporatisme tend à discipliner la production. Les producteurs seraient protégés contre une concurrence excessive par une restriction du droit de créer des entreprises; les consommateurs le seraient par un contrôle de la qualité et des prix. Enfin, le Parlement serait remplacé par une assemblée des corporations représentant les intérêts économiques du pays. Le régime de propriété privée et d'entreprise privée serait maintenu, étant donné la fécondité de l'initiative individuelle, mais le rôle du chef d'entreprise serait conçu comme une fonction sociale à l'égard des membres de l'entreprise et de la collectivité tout entière.

2. **Les moyens du corporatisme.** — *Le syndicat libre dans la profession organisée.* — L'organisation économique et sociale serait assurée dans le cadre de chaque profession, afin d'éviter la lutte des classes résultant d'organismes interprofessionnels.

Patrons et ouvriers resteraient groupés librement dans leurs syndicats respectifs, instruments d'expression de leurs intérêts propres, mais la corporation les rassemblerait ensuite pour mettre l'accent sur la solidarité entre gens d'un même métier.

Un pouvoir réglementaire et disciplinaire serait accordé à la corporation. Elle pourrait imposer à ses membres le respect de règles générales en matière de production, de prix, de salaires ; elle pourrait limiter la concurrence et organiser les marchés.

Un patrimoine propre, enfin, lui serait attribué. Alimenté par les cotisations de ses membres, il servirait à assurer le service des fonds de chômage, d'assurance, d'apprentissage, à organiser l'habitat et les loisirs, etc.

II. — Formes

A peu près d'accord sur ces principes de base, les corporatistes se séparent en ce qui concerne le champ d'activité de la corporation et sa situation vis-à-vis des pouvoirs publics.

1. **La liaison de l'économique et du social** est le premier point de friction sérieux. Les uns prévoient la division de la corporation en deux branches, connaissant l'une des questions économiques (production, prix), l'autre des questions sociales (conditions du travail, formation professionnelle). Les ouvriers n'auraient accès qu'à la seconde, la première étant réservée aux chefs d'entreprises, seuls exposés aux aléas financiers de l'affaire.

Un tel système ne peut aboutir évidemment qu'à la consécration légale des privilèges du capitalisme. Aussi, la plupart des corporatistes admettent-ils, avec La Tour du Pin, que le bien commun de la profession importe également à tous ceux qui en vivent, le chômage n'étant pas moins redoutable pour l'ouvrier que la faillite pour le patron. A ce titre, les salariés doivent être associés à toutes les questions de la vie professionnelle, économiques ou sociales.

Mais alors, comment maintenir le régime de l'entreprise privée ? Il paraît bien difficile de laisser aux patrons seuls la responsabilité pécuniaire de l'affaire, tout en les obligeant à partager avec le personnel leurs pouvoirs de décision. L'impossibilité de concilier ces points de vue antagonistes devait mener certains auteurs, tel M. Bouvier-Ajam, à chercher par la suite une solution dans les formules collectivistes.

2. **Le rôle des pouvoirs publics dans l'organisation professionnelle** est une deuxième source de divergences.

Le corporatisme d'association. Une première tendance, celle du corporatisme autonome, entend minimiser le rôle de l'Etat. Les corporations doivent se constituer spontanément entre membres de la même profession. L'organisation et la direction de la profession seront assurées par les professionnels eux-mêmes, le rôle de l'Etat se bornant à une supervision générale et aux arbitrages nécessaires entre les diverses corporations.

Mais certains craignent qu'une telle conception n'aboutisse à laisser les mains libres aux producteurs et que ceux-ci, plus soucieux de leurs intérêts particuliers que de l'intérêt général, n'abusent des pouvoirs à eux confiés au détriment des consommateurs.

Le corporatisme d'Etat, pour éviter ce danger, veut augmenter le rôle des pouvoirs publics. La constitution des corporations sera obligatoirement imposée par l'Etat. Leur contrôle et leur direction seront assurés par l'Etat ; les professionnels n'auront qu'un rôle consultatif.

Dans cette dernière conception, par conséquent, l'organisation des professions et l'orientation de leur activité revient aux pouvoirs publics, mais des expériences récentes montrent que cette solution présente le danger de mener presque inéluctablement à l'étatisme, voire à la dictature.

Chapitre V

LES ÉCOLES SOCIALES CHRÉTIENNES

I. — Le Catholicisme social

Depuis la guerre de 1914, la doctrine des Encycliques sert de base à l'action des mouvements qui font figure de représentants plus ou moins officiels de cette Ecole : Les Semaines Sociales, l'Action Catholique, le Syndicalisme chrétien. Certains d'entre eux n'en subissent pas moins profondément l'influence d'une philosophie d'inspiration chrétienne elle aussi, mais plus indépendante : le Personnalisme.

1. **L'Encyclique Quadragesimo Anno,** publiée en 1931, pour le quarantième anniversaire de *Rerum Novarum*, reprend les idées de ce texte en les enrichissant.

La propriété a un double aspect, individuel et social, et le propriétaire, à côté de ses droits, a des devoirs moraux. Bien plus, il est des biens dont on peut soutenir avec raison qu'ils doivent être réservés à la collectivité : ceux qui confèrent à leurs détenteurs une puissance économique telle qu'elle ne peut sans danger, pour le bien public, être laissée entre les mains de personnes privées.

Le juste salaire doit être déterminé en tenant compte à la fois de la subsistance de l'ouvrier et de sa famille, de la situation de l'entreprise et des nécessités de l'économie générale. L'intérêt général demande que ce salaire permette aux travailleurs non seulement de couvrir leurs dépenses indispensables, mais de constituer une épargne individuelle. Au surplus, il est recommandé de tempérer, dans la mesure du possible, le contrat de travail par des éléments empruntés au contrat de société, c'est-à-dire par une participation du personnel à la gestion et aux bénéfices de l'entreprise.

L'intervention de l'Etat enfin, s'impose pour éviter les abus de puissance économique nés d'une liberté incontrôlée. Entre les mains d'un petit nombre d'hommes s'est accumulé un pouvoir discrétionnaire par la détention de capitaux considérables dont ils ne sont d'ordinaire pas les propriétaires, mais les simples dépositaires. « La libre concurrence s'est détruite elle-même ; à la liberté du marché a succédé une dictature économique. » « De même que l'on ne saurait fonder l'unité du corps social sur l'opposition des classes, de même ne peut-on attendre du libre-jeu de la concurrence l'avènement d'un régime économique bien ordonné. » Par là, Pie XI condamne le libéralisme économique comme Léon XIII avait condamné le libéralisme social.

2. **Les Semaines Sociales** se sont attachées à faire application de ces principes aux grands problèmes contemporains. Elles rassemblent chaque année des catholiques appartenant à l'enseignement, aux affaires, aux mouvements de jeunesse, pour étudier une importante question économique ou sociale, à la lumière de l'idéal chrétien.

Les Semainiers sont hostiles, à la fois, au libéralisme amoral qui se refuse à établir, parmi les besoins humains à satisfaire, une autre hiérarchie que celle de leur solvabilité, au marxisme qui asservit l'homme à la collectivité, et à l'individualisme qui recherche le maximum de satisfaction personnelle, sans considération des intérêts généraux du groupe dont l'homme fait partie.

Ils considèrent l'homme comme un membre de plusieurs corps sociaux, ayant à leur égard à la fois des droits et des devoirs. Cela les mène à admettre la légitimité de la propriété privée, mais à en condamner les abus (sociétés anonymes, malthusianisme économique), à poser le principe du salaire familial obligatoire et à accepter celui de la participation ouvrière aux bénéfices, à reconnaître à l'Etat un droit d'intervention pour faire régner la justice sociale et moraliser l'économie. Enfin, ils sont partisans d'une organisation professionnelle pouvant avoir, à certains égards, un caractère corporatif, mais admettant l'existence de syndicats multiples et libres.

3. Le Personnalisme. — A côté de ce catholicisme social plus ou moins officiel, on ne saurait passer sous silence l'œuvre d'un certain nombre d'auteurs, fermement imprégnés de philosophie spiritualiste et chrétienne, mais parlant toujours en leur nom personnel et qui s'efforcent de dégager les principes d'une Economie au service de la personne.

Les plus représentatifs sont A. Dandieu, auteur de *La Révolution nécessaire* et surtout Emmanuel Mounier. Dans son *Manifeste au service du personnalisme*, publié en 1936, celui-ci souhaite l'avènement d'une civilisation « affirmant le primat de la personne humaine sur les nécessités matérielles et sur les appareils collectifs qui soutiennent son développement », libérant toutes les personnes de toutes les aliénations, et d'abord de l'aliénation prolétarienne. Cela le mène à poser la primauté du service social sur le profit, de la responsabilité personnelle sur l'appareil anonyme et à rejeter à peu près complètement les bases du capitalisme qui ne respecte la dignité de l'homme ni comme consommateur, ni comme producteur. La civilisation personnaliste dont il rêve serait à chercher, au-delà, à la fois, de l'individualisme bourgeois décadent, et du facisme ou d'un communisme totalitaires. Elle s'appuie sur le complexe personne-communauté, la communauté ne devant être envisagée qu'en fonction des personnes qui la composent et la personne ne pouvant se réaliser pleinement qu'au sein d'une communauté.

Cette doctrine, à la lumière de laquelle la Revue *Esprit* s'est attachée depuis lors à analyser les événements contemporains, a exercé une profonde influence en dehors des milieux chrétiens comme sur les catholiques soucieux de trouver une solution positive aux problèmes du monde actuel.

Les Mouvements spécialisés de Jeunesse Catholique (Jeunesse ouvrière, agricole, étudiante) qui s'attachent à diffuser la doctrine sociale-chrétienne dans des milieux plus variés que ceux touchés par les Semaines Sociales, ne semblent pas y avoir échappé. Soucieux d'avoir une vue réaliste et technique des problèmes économiques et sociaux, ils aspirent à bâtir une doctrine d'action temporelle en liaison avec tous ceux qui ont la même idée de l'homme. Des réalisations diverses telles que Economie et Humanisme, le Centre National d'Etudes Rurales, l'Institut de culture ouvrière, le Mouvement populaire des familles, œuvrent dans le même sens.

4. **Le syndicalisme chrétien**, de son côté (C. F. T C.), convaincu de la nécessité de réformes de structure poussées, semble s'orienter vers une refonte profonde du régime de la propriété et de l'héritage, vers une organisation de la production rétablissant la liaison du risque et du profit trop souvent dissociés

dans l'économie capitaliste, enfin vers un contrôle du crédit pouvant aller jusqu'à la planification des investissements.

5. **Le mouvement des Chrétiens progressistes,** plus récemment apparu, est pour l'instant moins soucieux d'affirmer des positions doctrinales que de s'affranchir de l'attitude trop exclusivement négative, à son gré, des milieux catholiques à l'égard des forces communistes sans lesquelles, aujourd'hui, ne saurait être efficacement défendue la classe ouvrière.

II. — Le Protestantisme social

1. **En Angleterre,** le protestantisme social s'épanouit, après la première guerre mondiale, avec la réunion, sous l'impulsion de W. Temple, évêque de Manchester et de Lucy Gardner, d'une conférence de toutes les Eglises anglaises sur la Question sociale. Il en sort un mouvement dénommé le *C. O. P. E. C.* (Conférence des questions politiques et économiques dans leurs rapports avec le christianisme). Il admet le maintien de la propriété privée et de la structure actuelle des classes, mais critique vigoureusement l'organisation bancaire et industrielle. Il demande, pour la communauté, un droit de regard sur la propriété privée, préconise des mesures de socialisation caractérisées : Etatisation des banques, transformation des grandes entreprises concentrées en entreprises publiques, répartition des profits capitalistes entre les salariés.

2. **En Allemagne,** après 1918, se manifestent de multiples tentatives de conciliation et même de synthèse entre protestantisme et socialisme. Elles aboutissent à la création d'une *Ligue des socialistes religieux* qui voit, dans le socialisme « la religion des masses dans l'avenir ».

3. **Aux Etats-Unis**, le Credo social, élaboré en 1932, par le Federal Council of churches, met en question le fondement même du système capitaliste. La spéculation immorale et le profit égoïste doivent faire place à la coopération ; l'usage et l'acquisition des richesses doivent être subordonnés au bien-être social. Les Eglises sont favorables à l'économie dirigée, au contrôle du crédit et du système monétaire, à l'organisation professionnelle.

Plus audacieuse est la position de M. Reinhold NIEBHUR qui se veut, à la fois, marxiste et chrétien. Il considère que le monde est à un tournant de l'histoire où l'on assiste à la mort de la civilisation capitaliste et bourgeoise et à la gestation douloureuse d'une nouvelle époque. Il s'agit pour le christianisme qui, au cours des siècles, a su transcender les situations historiques, de se détacher moralement et spirituellement de la culture décadente pour retrouver l'élément éternel de son message.

Cette tendance est plus accentuée encore chez le Pasteur Ward qui rêve d'une société communiste où le profit serait remplacé par le service mutuel et la sécurité de tous assurée contre la maladie, le chômage, la vieillesse, chacun pouvant alors vivre et travailler joyeusement pour le bien de la collectivité.

4. **En France,** après la guerre de 1914, on assiste à un effort de coordination des divers mouvements de l'Ecole protestante en une Fédération française du Christianisme social. Présidée par Ch. Gide, elle adopte pour programme les principes de la Déclaration de Besançon analysés plus haut.

Depuis lors, l'aile conservatrice du protestantisme social s'est effacée, en tant qu'Ecole, tout au moins. Le mouvement oscille désormais entre deux tendances, l'une coopérativiste avec Charles Gide, puis Georges Lasserre, l'autre nettement socialiste avec

J. Bois et A. Philip. Les deux courants s'expriment dans la *Revue du Christianisme social* et le second s'affirme dans les écrits du socialiste chrétien L. Ragaz.

5. **Des tendances économiques nouvelles** se font jour, à l'heure actuelle, dans les Eglises protestantes d'Europe, par suite de la profonde transformation théologique dûe à l'influence de K. Barth et Berdiaeff. Il s'agit moins, d'ailleurs, d'une doctrine systématique que d'un mode de raisonnement dialectique par référence aux fondements du christianisme. Représenté en Grande-Bretagne par le Dr Oldham, en Suisse par le Pr Brunner, en France par M. Jacques Ellul, ce courant de pensée considère que l'économie doit être au service de l'homme et non le dominer. L'Etat, gérant d'un ordre naturel, aura, pour le faire respecter, un rôle plus ou moins étendu, mais sans pouvoir étouffer l'homme en un système totalitaire. Les entreprises pourront rester privées dans la mesure où leur activité n'affecte pas la collectivité tout entière, mais l'entreprise sera conçue comme un tout organique au sein duquel il ne peut y avoir de cloison entre le capital et le travail, et l'Etat devra en sauvegarder la liberté.

En même temps, un important effort est entrepris pour coordonner les diverses tendances au sein du Conseil œcuménique. En particulier, l'Assemblée d'Amsterdam a essayé de mettre au point un système économique et social tournant autour de la notion collective de responsabilité.

Mais il convient également de signaler l'orientation communisante de certains protestants en Tchécoslovaquie, en Hongrie, en France. Ils renoncent à une pensée économique chrétienne pour adopter le mode marxiste, en repliant le christianisme sur le seul plan spirituel.

Chapitre VI

LE NÉO-LIBÉRALISME

Certains auteurs contemporains ont voulu trouver la solution des problèmes économiques actuels non pas dans des solutions anti-capitalistes ou anti-libérales, mais daus un libéralisme rénové. Cette position s'affirme dans l'ouvrage de W. Lipmann : *La Cité libre*, dans les travaux du « Colloque Lipmann », réunion groupant à Paris, en 1938, des économistes de divers pays (MM. Baudin, Rueff pour la France, van Zeeland, von Mises, von Hayek, W. Röpke) et dans des ouvrages récents de ces derniers auteurs.

I. — Critique des autres régimes

1. Le Libéralisme traditionnel. — Le libéralisme classique a le tort de s'attacher uniquement à l'idée abstraite de liberté, au-lieu de se préoccuper des libertés concrètes et spécialement de la concurrence. En fait, dans le monde moderne, la concurrence a disparu et, avec elle, les réactions qui devaient assurer l'équilibre économique. C'est la liberté même qui a détruit la concurrence et cela a entraîné :

Une mauvaise organisation de la production, due au développement des sociétés anonymes. Elles ont favorisé la concentration des entreprises, la constitution de monopoles. « Les grandes affaires sont incompatibles avec les principes d'une économie libre. En fait, elles constituent la forme que prend le collectivisme chez les gens d'affaires. »

Un mauvais fonctionnement des marchés. La constitution des monopoles fausse l'économie de marché, quand elle ne la supprime pas.

Un mauvais fonctionnement de la monnaie. L'exécution loyale des contrats à long terme suppose la stabilité de la monnaie. Or, la monnaie, dans la conception libérale de l'étalon-or, change de valeur avec les variations de l'extraction de l'or dans le monde.

2. **L'économie dirigée** — Le dirigisme n'est pas plus satisfaisant, car il ne garantit nullement l'équilibre économique, mais entraîne une bureaucratie étouffante, la prédominance des intérêts du parti au pouvoir et ouvre la voie à la dictature qui en est l'aboutissement logique. Les représentants les plus récents du néo-libéralisme (Mises, Hayek, W. Röpke), sont particulièrement sensibles au danger de totalitarisme qui guetterait les Etats s'engageant dans l'engrenage du dirigisme.

II. — Le libéralisme constructeur

1. **Les principes.** — Le libéralisme constructeur ne permettra pas que l'on utilise la liberté pour tuer la concurrence. Il s'oppose à la fois au libéralisme classique conservateur et anarchique et au socialisme despotique et arbitraire.

« *Le libéralisme manchestérien* se pourrait comparer à un régime routier qui laisserait les automobiles circuler à leur guise, sans Code de la Route (1). »

(1) L. Rougier : *Les mystiques économiques.*

Il en résulterait des encombrements, des embarras de circulation, à moins que les grosses voitures n'écrasent les petites pour se frayer un chemin.

« *L'Etat socialiste* est semblable à un régime dans lequel une autorité centrale fixerait impérativement à chacun quand il doit sortir sa voiture, où il doit se rendre et par quels chemins. » Il signifie la mort de l'initiative privée et de la liberté individuelle.

« *L'Etat véritablement libéral* est celui où les automobilistes sont libres d'aller où bon leur semble, mais en respectant le Code de la Route. » Libéralisme ne signifie pas abstentionnisme. Ne pas intervenir, c'est prendre parti pour les plus forts à qui on laisse carte blanche. L'Etat peut être amené à intervenir pour rétablir les conditions d'une concurrence réelle. Son rôle est de « maintenir le milieu libre ». Il peut être amené à faire quelques accrocs au principe abstrait de liberté pour assurer une liberté effective. Plutôt que de néo-libéralisme, mieux vaudrait par conséquent parler, pour cette doctrine, de néo-concurrentialisme.

2. **L'agenda du libéralisme.** — Sous le nom d' « Agenda », W. Lipmann indique un certain nombre de choses qui « doivent être faites », de mesures qui doivent être prises pour remédier au mauvais fonctionnement de l'économie, pour rétablir la concurrence.

En matière de production, les pouvoirs publics devront prohiber certaines formes d'entreprise ou certaines méthodes de gestion. Par exemple, ils devront interdire l'auto-financement des entreprises, qui soustrait les capitaux au jeu de la concurrence.

En matière d'échange, il appartient à l'Etat de protéger le consommateur en interdisant la vente de produits nuisibles et en punissant le vendeur coupable de fraude à la qualité.

De même, l'Etat doit aider certaines catégories de vendeurs : les paysans et les ouvriers obligés, par la nature de ce qu'ils offrent, à vendre immédiatement, à n'importe quel prix. L'Etat ne sortira pas de son rôle, mais remplira sa fonction, en encourageant les coopératives de production et de consommation.

En matière monétaire, enfin, l'Etat doit assurer la loyauté des transactions, en garantissant l'égalité des prestations des échangistes. Ce n'est pas possible avec la monnaie or dont la valeur peut changer entre le moment où l'une des parties livre sa marchandise et le moment où l'autre paie le prix convenu, par suite des variations des stocks d'or dans le monde. Des manipulations monétaires seront donc légitimes pour maintenir à la monnaie un pouvoir d'achat constant.

C'est là la partie la plus originale de l'œuvre de W. Lipmann, la plus surprenante aussi chez un auteur qui se veut, malgré tout, libéral. Elle devait effaroucher bon nombre des assistants du Colloque Lipmann pour qui l'abstention de l'Etat en matière monétaire reste un dogme intangible. Aussi, les conclusions tirées de ces débats devaient-elles pudiquement passer sous silence cette partie du programme néo-libéral. Elles restent d'ailleurs très vagues, très générales, et beaucoup plus proches du libéralisme traditionnel que ne pouvaient le laisser attendre les déclarations de principe antérieures. Elles affirment la nécessité de maintenir l'économie de marché : seul le mécanisme des prix fonctionnant sur un marché libre permet d'organiser la production de manière à assurer la satisfaction maxima des besoins. Le rôle de l'Etat est seulement de choisir les cadres juridiques dans lesquels se déroulera l'activité économique (législation sur la propriété, les contrats, les groupements de producteurs).

Chapitre VII

LE NÉO-CAPITALISME

Nous rangerons sous le vocable de néo-capitalistes un certain nombre d'auteurs ne rentrant dans aucune des écoles déjà vues et que rapproche leur conviction commune que le système capitaliste, *sous sa forme actuelle*, est appelé à disparaître. Une analyse approfondie des transformations de structure enregistrées depuis un demi-siècle mène la plupart d'entre eux à conclure à un « vieillissement du capitalisme ». Par quoi sera-t-il remplacé ?

I. — Le vieillissement du capitalisme

Werner Sombart avait, déjà, montré que le capitalisme moderne avait perdu le caractère dynamique et conquérant qui l'avait mené à son apogée. Cette idée est reprise et développée par les théoriciens américains de la Maturité économique et par P. Dieterlen.

1. **La thèse de la Maturité économique**, soutenue par A. Hansen, B. Higgings et A. Sweezy, aux Etats-Unis, après la grande dépression, affirme que le développement économique ne peut plus se poursuivre au même rythme que dans les décades précédentes et cela pour des raisons démographiques, géographiques et techniques.

La diminution du *taux d'accroissement de la popu-*

lation entraîne un ralentissement de l'essor de la production, de la consommation, des investissements.

Les possibilités d'*expansion géographique* sont désormais limitées et, avcc elles, les chances de débouchés nouveaux et les occasions d'investissements.

Les *techniques nouvelles* font un moindre appel au capital et apportent une limitation supplémentaire aux occasions d'investissement.

Pour toutes ces raisons, l'économie capitaliste, abandonnée à elle-même, n'est plus désormais susceptible d'un égal développement, tout au moins d'un développement équilibré.

Sans doute peut-on opposer à ces arguments de pertinentes objections. Le développement des régions sous-évoluées, le relèvement de niveaux de vie insuffisants offriront encore pendant longtemps des possibilités d'expansion économique. Le problème est plutôt de savoir si cette expansion est possible dans le cadre des structures capitalistes actuelles.

2. P. Dieterlen, dans un ouvrage au titre éloquent : *Au delà du capitalisme*, soutient précisément que le capitalisme libéral a correspondu à une phase de l'histoire du monde aujourd'hui dépassée.

Les principes qui en avaient fait la puissance sont profondément altérés, qu'il s'agisse du marché, de l'Etat ou de l'homme.

L'économie capitaliste était une économie de marché orientée par le mécanisme des prix. Or, *le marché s'est profondément transformé.* La fluidité et la mobilité font place à une inertie grandissante. Le jeu de la concurrence est faussé par la concentration et par le développement de l'auto-financement. Le développement des services gratuits, corollaire de la civilisation, oblige l'Etat à se substituer aux particuliers dans la gestion de services non directement rentables.

Ceci implique fatalement une *transformation de l'Etat* lui-même. L'Etat gendarme, véritablement indépendant des intérêts économiques, a fait place à un Etat capitaliste dominé par la bourgeoisie d'affaires jusqu'à ce qu'une inévitable réaction entraîne le transfert au secteur public de branches de plus en plus nombreuses et l'instauration d'un véritable capitalisme d'Etat. Mais ce n'est là qu'une simple étape préparant une transformation radicale des mœurs et des structures et l'avènement d'un Etat socialiste.

La *psychologie de l'homme d'affaires* se modifie en même temps. L'entrepreneur pionnier et promoteur prend une âme de rentier et de fonctionnaire. La recherche du profit, avec ses risques et ses aléas, fait place à la recherche de rentes de monopoles assurées grâce à la limitation de la concurrence par les cartels sur le plan intérieur, par le protectionnisme douanier sur le plan international.

Aussi est-il nécessaire de réviser les concepts traditionnels d'individualisme et de liberté. La liberté, tant prônée par les capitalistes, est, pour le plus grand nombre, une liberté purement formelle. C'est une notion juridique et non pas économique, sans valeur pour ceux dont le revenu est insuffisant pour la rendre effective. La véritable liberté économique est moins la faculté d'échanger que la possibilité de consommer ; elle ne réside pas dans le statut de la propriété, mais dans l'affranchissement des servitudes matérielles. L'objectif sera donc d'élever le niveau de vie matériel et culturel, afin de créer les conditions d'une véritable liberté économique et d'en élargir progressivement les bornes.

II. — La suppression de la misère par la sécurité de l'emploi et du revenu

C'est le même souci qui anime deux auteurs britanniques dont l'œuvre devait avoir une influence considérable sur l'évolution récente de la politique économique, John Maynard Keynes et Lord Beveridge.

1. **J. M. Keynes.** — Le premier a été mené par le spectacle du chômage permanent qui pesa sur l'Angleterre entre les deux guerres à élucider les facteurs qui déterminent le niveau de l'emploi et le volume du revenu national. Il a fait accomplir des progrès décisifs à la science économique, mais sa contribution reste d'ordre essentiellement théorique et c'est à ce titre que nous en traiterons en Appendice.

Retenons seulement ici que son souci d'assurer le plein emploi, d'éviter le chômage, le mène à envisager une intervention plus ou moins permanente des Pouvoirs publics sur l'économie. Il peut être considéré comme l'inspirateur des mesures d'intervention indirecte préconisées ensuite par de nombreux auteurs : politique monétaire, contrôle du crédit, contrôle des investissements, etc. (cf. *infra*, p. 131).

2. **Lord Beveridge**, de son côté, apparaît comme le père spirituel du mouvement contemporain vers la Sécurité sociale.

Chargé, en 1940, par son Gouvernement, d'étudier une réforme des Assurances sociales britanniques, il conclut son enquête par un rapport qui devait avoir un profond retentissement, et le compléta, en 1944, par un ouvrage intitulé *Full employment in a free society*.

L'objectif essentiel de ses propositions est la protection des citoyens contre les trois maux les plus graves qui les menacent dans la société actuelle : la misère, la maladie, le chômage.

La *lutte contre la misère* comporte la garantie à chacun du revenu minimum nécessaire à son existence et à celle de sa famille.

Pour ce faire, Beveridge préconisait une réforme qui commence aujourd'hui à entrer dans les mœurs mais qui, il y a dix ans, parut à beaucoup révolutionnaire : l'extension à tous les citoyens des Assurances sociales, jusqu'alors réservées aux seuls salariés.

Financées partiellement par des cotisations des assurés, afin de maintenir le sens de l'effort et de la responsabilité personnelle, elles le seraient, pour le surplus, par une contribution budgétaire qui réaliserait une redistribution du revenu national, les plus importants bénéficiaires des prestations servies n'étant pas, le plus souvent, les plus gros contribuables.

La *lutte contre la maladie* exige la création d'un Service national de santé, en mesure de fournir à tous, gratuitement, tous les soins médicaux et pharmaceutiques dont ils ont besoin, tout en laissant à ceux qui le désirent et le peuvent la faculté de recourir encore à la médecine privée.

La *lutte contre le chômage*, enfin, implique à la fois des mesures techniques (contrôle de la répartition géographique des industries, organisation plus rationnelle du marché du travail) et, surtout, des mesures financières aboutissant à un bouleversement complet des conceptions budgétaires traditionnelles. Au budget de l'État, compte des dépenses et des recettes des seules administrations publiques, il convient de substituer un budget national englobant l'ensemble des recettes et des dépenses de la Nation (collectivités et particuliers). Le volume de l'emploi dépendant du montant de la demande effective, c'est-à-dire du montant des dépenses globales réalisées dans le pays, après avoir calculé le volume global de dépenses nécessaire pour assurer le plein emploi, il convient d'évaluer les dépenses probables des particuliers, d'essayer de les orienter et de les développer, puis de prévoir un montant de dépenses publiques (dépenses courantes d'administration et investissements), suffisant pour assurer le complément.

Ces réformes sont, pour Beveridge, le seul moyen de libérer l'homme des servitudes de la misère, de la maladie et du chômage, tout en évitant des solutions totalitaires et en assurant le respect des libertés essentielles. Encore précise-t-il que la liste de ces libertés essentielles (liberté de parole, d'enseignement, de religion, de réunion, liberté du choix de l'occupation) ne peut comporter la liberté de posséder à titre privé les moyens de production, celle-ci n'étant accordée, en pratique, qu'à une infime minorité de la population.

III. — Le relèvement des niveaux de vie par le progrès technique

Que sera la civilisation de 1960 ? C'est la question que se posent deux auteurs l'un Australien : Colin Clark, l'autre Français : J. Fourastié, dont les œuvres, publiées à quelques années d'intervalle, ont, jusque dans leurs titres, d'étroites analogies.

L'un et l'autre entendent prouver que l'évolution du monde contemporain est caractérisée par un progrès technique sans précédent, lui-même générateur de progrès économique et de progrès social.

1. Le progrès technique. — Le progrès technique se mesure principalement par l'évolution du rendement du travail, de la productivité individuelle.

Or, l'examen des statistiques industrielles et agricoles montre qu'après être resté à peu près invariable pendant des siècles, ce rendement s'est accru considérablement depuis cent ans. Mais il montre, en même temps, que le rythme de cet accroissement varie beaucoup d'un secteur à l'autre et d'un pays à l'autre.

On peut, à cet égard, ranger les activités économiques en trois groupes : le secteur primaire, comprenant l'agriculture et les mines, a bénéficié d'une amélioration appréciable de la productivité grâce à un progrès technique moyen ; le secteur secondaire qui couvre les industries de transformation et les transports, a connu un progrès technique et une augmentation du rendement beaucoup plus considérables. Au contraire, le secteur tertiaire : commerce, professions libérales, services publics, échappe presque entièrement au progrès technique et n'enregistre pas d'amélioration sensible du rendement.

A l'intérieur de chaque secteur, on trouve des différences considérables de pays à pays. Déjà l'agriculteur français nourrit péniblement quatre à cinq personnes quand le fermier américain en fait vivre une quinzaine mais, entre leurs collègues chinois et néo-zélandais, l'écart ne va-t-il pas de moins de deux à quarante ou cinquante personnes ? De son côté, la productivité de l'industrie américaine représente, selon les branches, trois à cinq fois celle de l'industrie française.

2. **Répartition de la population active.** — Il en résulte une première conséquence importante. La répartition de la population active entre ces trois secteurs évolue avec le progrès technique ; elle mesure le degré de développement économique d'un peuple et détermine son niveau de vie. Les peuples primitifs se caractérisent par un très fort

pourcentage des effectifs primaires ; avec le progrès technique, on les voit d'abord diminuer au profit des effectifs secondaires qui passent alors par un maximum. Puis, le progrès technique se poursuivant, le secteur secondaire se dégonfle à son tour au profit des effectifs tertiaires. Ceux-ci seront, en fin de compte, d'autant plus élevés que le pays aura atteint un degré plus élevé de progrès technique permettant de substituer, dans les deux premiers secteurs, l'action des machines à l'effort humain.

3. **L'évolution des niveaux de vie.** — Et, point particulièrement intéressant, les pays dans lesquels il y a une forte proportion d'activités tertiaires sont également ceux dans lesquels le niveau de vie est le plus élevé. Colin Clark montre que, dans la période 1925-1934, le revenu réel par tête variait presque parallèlement au pourcentage des effectifs tertiaires, atteignant aux Etats-Unis le double du chiffre français et douze fois celui des Indes. Le niveau de consommation d'un peuple est donc très nettement lié à son degré de développement technique.

Encore faut-il souligner qu'à ce progrès « matériel » s'ajoutent des améliorations très nettes des autres conditions de vie : abaissement de la durée du travail, développement de l'instruction, amélioration de la santé et allongement de la durée moyenne de la vie.

Quel sera l'aboutissement de cette évolution ? M. Fourastié croit que la civilisation de demain sera une civilisation tertiaire très différente de la civilisation secondaire que nous connaissons aujourd'hui. Les activités à grands progrès techniques ne retiendront plus qu'une très faible partie de la population et 90 % de celle-ci pourra se consacrer aux activités plus humaines du tertiaire. L'homme, libéré des angoisses alimentaires et des servitudes matérielles par le progrès technique, pourra se consacrer à des préoccupations plus élevées et une civilisation extrêmement brillante pourra se développer, malgré les prophéties des penseurs qui, douillettement installés dans le confort moderne, profitent des derniers perfectionnements de la technique « pour faire savoir à l'humanité qu'elle est parvenue au dernier stade de la barbarie ».

IV. — Qui succédera au capitalisme ?

S'ils s'efforcent de dégager les traits caractéristiques de la civilisation de demain, les deux auteurs précédents ne posent pas, expressément tout au moins, le problème du régime économique qui lui servira de cadre. C'est, au contraire, le problème qui retient l'attention de F. Perroux, J. Burnham, M. Allais et J. Schumpeter. Le premier préconise une organisation communautaire de l'économie, le second croit au remplacement du capitalisme par une « société directoriale », le troisième voit la solution dans un planisme concurrentiel, le dernier enfin croit, sans le souhaiter, à l'avènement du socialisme.

1. **François Perroux.** — Dans *Capitalisme et communauté de travail*, F. Perroux se fait l'apôtre, dès 1931, d'une organisation de l'entreprise et du métier considérant les salariés comme de véritables membres de ces communautés naturelles, avec tous les droits et tous les devoirs que cela comporte, et non comme de simples fournisseurs de travail, étrangers à l'affaire qui les emploie.

Cette conception fait de l'entreprise une hiérarchie de fonctions, un tout organisé où figurent à la fois des chefs économiques, des agents de maîtrise, des ingénieurs, des fournisseurs de capital, des employés et des ouvriers, distincts seulement par la nature de leur rôle. Les apporteurs de travail sont intégrés à l'entreprise au même titre que les apporteurs de capital, ce qui exclut l'omnipotence des uns et l'exploitation des autres, tout en impliquant des hiérarchies fonctionnelles naturelles.

Cette doctrine apparaît comme l'un des points de départ des nombreuses propositions et expériences de « Réforme de l'entreprise capitaliste » qui ont proliféré depuis lors et s'éclaire, d'ailleurs, quand on rapproche de ce livre celui que F. Perroux a publié, en 1948, dans cette collection même, sous le titre *Le Capitalisme*.

Le capitalisme reste, pour lui, le système le plus dynamique, dans la mesure où la recherche par les entrepreneurs d'un profit aléatoire est encore le facteur le plus efficace de progrès. Il ne croit pas que les crises traversées par le système annoncent irrémédiablement sa chute ni même que les dangers menaçant l'économie de marché et d'entreprise (constitution de monopoles et d'oligopoles, sous-emploi, contrôles et intervention, etc.) soient aussi graves et aussi inévitables qu'on le pense souvent.

Il ne croit pas, surtout, qu'un système d'économie intégralement planifiée puisse mieux fonctionner, les macro-décisions de l'Etat, prises en dehors du mécanisme des prix de marché, étant dépourvues de toute rationalité économique.

Il voit, plutôt, l'avenir dans une économie composite connaissant un secteur étatisé et un secteur capitaliste et admettant certaines interventions conformes à la logique interne de l'économie d'entreprise et de marché.

Ainsi serait-il possible de faire du progrès matériel assuré par le capitalisme, un facteur de progrès social, à condition que les hommes sachent appliquer à son dépassement l'esprit d'innovation qui a assuré sa croissance.

2. **James Burnham.** — Dans un ouvrage intitulé *Managerial revolution* (1941) et traduit en français sous le titre *L'ère des organisateurs*, Burnham s'efforce de démontrer que le socialisme n'est pas la seule alternative possible du capitalisme, ni même la plus vraisemblable.

De nombreux symptômes annoncent la fin prochaine du capitalisme : son incapacité à éviter le chômage massif, les crises périodiques de surproduction et une crise agricole permanente, l'inutilisation systématique des ressources technologiques existantes, le développement du malthusianisme économique.

La période actuelle apparaît donc comme une période de transition. Elle se caractérise par le rôle croissant des chefs techniques des entreprises, qui ne se confondent pas nécessairement avec les propriétaires, ni avec les ingénieurs. Les véritables chefs ce sont les « managers », les directeurs de production et leurs collaborateurs, ceux qui ont charge d'organiser et de coordonner la production. Avec le développement de la concentration et de la division du travail, peu nombreux sont les hommes possédant les aptitudes et les connaissances nécessaires pour assurer la marche d'entreprises de plus en plus complexes. Aussi sont-ils en train de supplanter, petit à petit, les propriétaires des entreprises qui jouèrent le rôle prépondérant lors des débuts du capitalisme et les fournisseurs de capitaux qui leur succédèrent un peu plus tard.

Le rôle croissant des Comités d'experts qui se substituent de plus en plus aux Parlements dans la direction interne de l'économie et dans l'organisation des relations internationales, est une autre manifestation de cette évolution. Ces « managers » tendent à constituer une classe déjà puissante dans l'économie capitaliste dont ils contrôlent tous les rouages ; elle est appelée à devenir omnipotente après son effondrement prochain.

En effet, l'évolution de la Russie soviétique montre que leur puissance n'est pas moins grande dans une économie collectiviste qui recourt aux mêmes techniques que le capitalisme. L'expérience russe s'éloigne de plus en plus du véritable socialisme dont elle a trahi les principes (absence de classes, liberté, internationalisme) pour tomber elle aussi sous l'emprise de la classe des « managers », en l'espèce ceux qui détiennent une position-clé dans les institutions de l'Etat.

Leurs pouvoirs sont d'autant plus grands que ces institutions couvrent à la fois le domaine politique et le domaine économique. Ainsi peuvent-ils instaurer une nouvelle forme d'exploitation qui n'est plus fondée sur la propriété des moyens de production, mais sur leur contrôle. Ainsi sont-ils maîtres de fixer eux-mêmes l'étendue de leurs privilèges et d'en assurer la continuité par le recrutement de leurs successeurs.

L'évolution actuelle de tous les pays, capitalistes ou collectivistes, semble donc converger vers l'établissement d'une société technocratique, sur le plan national comme sur le plan international.

3. **Maurice Allais.** — Economiste de formation mathématique, M. Allais entend, pour sa part, démontrer algébriquement que le mécanisme concurrentiel est sans égal pour résoudre le problème économique fondamental, celui de la rareté, à condition que son fonctionnement soit effectivement assuré. (*Economie pure et rendement social*, 1945 ; *Economie et intérêt*, 1947.) Les ressources naturelles étant limi-

tées en face de besoins humains à peu près insatiables, il s'agit à la fois de tirer le meilleur parti possible de ces ressources, problème économique d'efficacité, et de distribuer au mieux les richesses existantes, problème social de répartition.

Or, dans l'état actuel de nos connaissances et pour longtemps, le principe de concurrence apparaît comme le moyen d'obtenir le rendement social le plus élevé. Sans doute, une économie totalitaire et centralisée est-elle théoriquement concevable, mais sa mise en œuvre exigerait des qualités surnaturelles, aucun homme ou groupe d'hommes ne pouvant embrasser la totalité des caractéristiques techniques et psychologiques qu'impliquerait la gestion efficace, par voie d'autorité, d'une collectivité complexe.

Seule la recherche de la satisfaction maxima des individus et du revenu maximum des entreprises dans une économie concurrentielle est susceptible de fournir une solution à la mesure de l'homme. Seule la concurrence d'agents autonomes peut, à l'aide du mécanisme des prix, assurer automatiquement l'optimum de gestion et la maximisation du rendement social pour des techniques données.

Mais concurrence ne signifie pas abstentionnisme et les « laissez-fairistes » ont eu le tort d'assimiler le régime idéal, dégagé par l'analyse économique, ce régime de concurrence parfaite où seraient résolus tous les problèmes de production, de répartition, d'équilibre, au régime existant qui les laisse tous en suspens.

Il convient d'organiser la concurrence pour la rendre effective, sur le marché du travail comme sur celui des capitaux, des biens ou des services. Cela implique une planification souple, portant non pas sur les mécanismes qui doivent être laissés au jeu du marché, mais sur les structures, sur les cadres au sein desquels doit s'exercer la concurrence, et spécialement sur la monnaie, le crédit, les investissements.

Ainsi serait-il possible de concilier la haute efficacité économique attachée à la liberté des échanges et des prix avec une répartition plus équitable du revenu national. Formule à première vue assez proche de celle des néo-libéraux que nous avons vus précédemment. Cependant, le régime proposé par M. Allais comportant non seulement l'organisation concurrentielle de l'économie et l'organisation d'un Etat fédéral mondial fondé sur la libre circulation des biens, des capitaux et des hommes, mais aussi l'appropriation collective du sol, l'annulation du taux de l'intérêt, la suppression des profits, l'universalisation des revenus du travail et la réalisation d'une société sans classes, il a peu de chances de rallier les suffrages des néo-libéraux orthodoxes. Il apparaît plutôt, selon sa propre définition, comme une tentative de synthèse du libéralisme et du socialisme.

4. **J. Schumpeter.** — Plus caractéristique encore de l'angoisse des économistes modernes devant l'avenir économique du monde est le dernier ouvrage d'un homme qui fut l'un des plus grands économistes de sa génération, J. Schumpeter (*Capitalisme, socialisme et démocratie*, 1942.)

Pénétré d'admiration pour les achèvements grandioses du système capitaliste, foncièrement hostile par formation et par tempérament au socialisme centralisateur, il n'en affirme pas moins que le régime capitaliste est irrévocablement voué à disparaître, dans un délai relativement bref, pour faire place à un régime socialiste.

Le *capitalisme peut-il survivre* ? Si l'on s'en tenait au seul point de vue économique, peut-être. Ne suffirait-il pas que le taux moyen d'accroissement annuel de la productivité américaine enregistré de 1870 à 1930 se maintînt pendant une cinquantaine d'années pour que toutes les traces de misère et de pauvreté disparaissent. Le capitalisme, surtout le capitalisme monopolistique plus efficient à son avis que celui de la concurrence pure, est encore capable techniquement de brillantes performances.

Mais il faut tenir compte aussi des points de vue sociologique et psychologique. Or, il apparaît très nettement que, sur ces plans, les symptômes de sclérose se multiplient. Nous assistons au crépuscule de la fonction d'entrepreneur, le progrès devenant quasi automatique. Le capitalisme a perdu, sans espoir de retour, semble-t-il, l'adhésion des masses et n'est plus en mesure de leur imposer la discipline sociale, sans laquelle aucune civilisation ne saurait subsister. Il perd chaque jour davantage la confiance des intellectuels qui auraient pu le protéger contre elles. Il a brisé les couches sociales qui lui servaient d'arcs-boutants : artisanat, paysannerie. Enfin, il est en train de démanteler ou de laisser démanteler les cadres institutionnels qui en avaient assuré l'essor : propriété, liberté des conventions. Le nombre des citoyens ayant intérêt à défendre leurs droits de propriété ou de commandement diminue constamment, ces droits devenant de plus en plus abstraits, sous l'effet de la concentration économique. Nous assistons à une véritable « décomposition » du capitalisme d'où émergera fatalement un monde socialiste.

Mais *le socialisme peut-il fonctionner* ? Si l'on entend par là un système institutionnel dans lequel une autorité centrale contrôle les moyens de production et la production elle-même, cela ne paraît pas contestable. De nombreux auteurs ont montré la cohérence du socialisme sur le plan de la logique pure et l'expérience prouve que, même si un système de répartition égalitaire risque d'être moins efficient que le capitalisme contemporain, des facteurs psychologiques incontrôlables peuvent amener les citoyens à le préférer. Au surplus, cette moindre efficacité ne serait-elle pas largement compensée par une plus grande stabilité et l'élimination des troubles et déséquilibres inhérents au capitalisme ?

Mais le Socialisme est-il compatible avec la démocratie ? Sans doute pas avec la démocratie telle que nous la concevons aujourd'hui, la démocratie bourgeoise. Ne peut-elle, cependant, revêtir des formes différentes ? Schumpeter semble penser, pour sa part, que la discipline individuelle et la discipline de groupe se trouveraient renforcées dans une société socialiste, par suite de l'allégeance morale plus spontanée des travailleurs. Aussi, une telle société pourrait, en fin de compte, exiger pour fonctionner moins d'autoritarisme que le capitalisme actuel.

Appendice

LE RENOUVELLEMENT DE LA THÉORIE ÉCONOMIQUE (1)

Les divers courants de pensée que nous venons d'examiner relèvent surtout de la doctrine économique et ils sont, au total, de simples révisions, des adaptations de conceptions antérieurement formulées. Sur le plan de la science pure, au contraire, la même période allait enregistrer non seulement de très appréciables développements de la théorie traditionnelle, mais une œuvre entièrement originale, bouleversant profondément les données les plus généralement admises, celle de John Maynard Keynes.

I. — Le développement des théories traditionnelles

1. **Néo-classiques**, est le titre donné à des auteurs qui tentent de concilier la théorie élaborée entre 1776 et 1850 avec les apports scientifiques de la fin du siècle. Plus exactement, ils s'efforceront de faire bénéficier la théorie classique des avantages de l'analyse marginaliste. Les principaux représentants en sont les membres de l'Ecole de Cambridge : Pigou, Hawtrey, et sutout Alfred Marshall.

Celui-ci précise les rôles respectifs du coût et de l'utilité dans la détermination de la valeur des biens et des services. Les deux concepts sont, pour lui, aussi nécessaires que les deux lames d'une paire de ciseaux ; Le facteur utilité joue le rôle essentiel dans « la courte période » où un certain volume de production étant acquis, les désirs et les possibilités des acheteurs sont déterminants pour en assurer l'écoulement. Le facteur coût reprend le dessus dans la « période longue » où

(1) Cf. n. 1, p. 65.

les producteurs peuvent modifier l'organisation des facteurs productifs et, par là, le volume de l'offre.

2. **Les Néo-marginalistes** (Strigl, Machlup, Morgenstern, Schumpeter, F. Perroux) de leur côté, essaient de répondre aux critiques encourues par le marginalisme viennois trop étroitement féru de psychologie hédonistique. Pour eux, l'utilité ne s'apprécie pas seulement en fonction de l'intérêt personnel. La production est orientée par des choix individuels, dictés par toutes les aspirations du sujet économique.

Ils soulignent aussi que l'utilité d'un bien est fonction de celle des autres biens et font intervenir leur complémentarité psychique, dans le calcul économique. On arrive ainsi à une combinaison nouvelle du coût et de l'utilité, la valeur d'un bien étant, en fin de compte, déterminée par son coût de substitution, c'est-à-dire par l'utilité des biens alternatifs auxquels on renonce pour l'obtenir.

Enfin, les néo-marginalistes s'efforcent de construire une théorie économique fondamentale, ensemble des lois valables pour tous les systèmes économiques concevables.

3. **Les Institutionnalistes** américains (Ely, Veblen, Mitchell, Moore, John-Maurice Clark) ont une position toute différente. Il sont plutôt les successeurs de l'Ecole historique du XIXe siècle, adoptant comme elle la méthode positive d'observation. Ils insistent sur la nécessité de replacer les faits économiques dans leur milieu, hors duquel ils ne peuvent s'expliquer et attachent une grande importance au cadre juridique dans lequel ils se déroulent. Leur analyse psychologique dépasse celle de l'*homo œconomicus*, qui recherche froidement et implacablement son seul intérêt personnel.

Ils admettent, avec l'Ecole du Behaviourisme, qu'à côté d'éléments rationnels, des éléments purement instinctifs influent sur le comportement économique des hommes. Avec l'Ecole sociologique d'Othmar Spann et de François Simiand, ils font une place importante à l'influence du milieu extérieur qui modifie profondément les appréciations individuelles.

Leur documentation est considérablement plus large et plus précise que celle des historistes. Ils font appel à l'appareil statistique le plus moderne pour élaborer une théorie économique synthétique, serrant d'aussi près que possible, la vie concrète.

4. **L'école suédoise**, avec Knut Wicksell et ses successeurs, Myrdal, Lindhal, Lundberg, tout en adoptant l'essentiel des principes de Walras, les complète par une théorie de l'équilibre dynamique à propos de laquelle elle fait intervenir le concept d'anticipation.

Une même variable économique peut être envisagée *ex ante*, sous la forme des mouvements attendus pour une période de temps à venir, ou *ex post*, une fois ces mouvements réalisés. Or, contrairement à ce qui se passe dans les sciences de la nature, les anticipations commandent, dans une large mesure, les résultats. Si tous les sujets économiques anticipent les événements ultérieurs d'une façon favorable, ceux-ci seront conformes à leurs anticipations. Si leurs anticipations sont défavorables, les résultats le seront aussi. Les prévisions jouent ainsi un rôle fondamental en matière d'évolution économique.

5. **L'économétrie** s'efforce, en même temps, d'obtenir une expression quantitative aussi rigoureuse que possible des lois économiques. Elle fait systématiquement appel, comme l'Ecole de Lausanne, à la notation algébrique mais alors que celle-ci l'utilisait pour élaborer, par voie de déduction, une économie purement abstraite, l'économétrie, au contraire, veut partir de l'observation de la réalité quotidienne pour mesurer, statistiquement, l'amplitude ou l'intensité des phénomènes économiques et, par leur rapprochement, dégager les liens qui les unissent et formuler des lois économiques.

Inaugurée en Allemagne par les études d'Engel sur la consommation, cette méthode a été introduite aux Etats-Unis par H. L. Moore et H. Schultz, dans les pays scandinaves par Ragnar Frisch, en France par Roy et Divisia.

Les économètres ont d'abord appliqué leurs principes à l'étude de marchés isolés (évolution du prix des diverses marchandises dans le temps, élasticité de leur offre et de leur demande), à celle de la monnaie (vitesse de circulation) ou de la répartition des revenus entre les classes sociales. Mais, sous l'influence de Tinbergen et de Kalecki, ils se sont surtout attachés à l'étude des variations de l'activité économique et ont ainsi donné, quelques années avant Keynes, des interprétations des fluctuations cycliques, fondées sur l'influence des oscillations du revenu global.

6. Enfin, il convient de signaler les travaux d'auteurs qui, sans se rattacher spécialement à aucune école, ont approfondi et parfois renouvelé entièrement des points importants de la théorie économique.

Citons seulement, *en matière monétaire*, Irving Fisher qui donne la formule moderne de la théorie quantitative, B. Nogaro qui en fait au contraire la critique la plus pertinente jamais présentée, M. Aftalion, qui explique les variations de la valeur de la monnaie par une séduisante théorie des revenus, les nombreux auteurs contemporains qui ont entièrement renouvelé la théorie de l'inflation et de l'écart inflationniste, et ceux qui, avec ou contre KEYNES, ont analysé la formation du taux de l'intérêt (HANSEN, LERNER, HICKS).

La théorie de la formation des prix est complètement renouvelée par les travaux de J. CHAMBERLIN, de Mrs. Joan ROBINSON, de STACKELBERG qui montrent que la concurrence parfaite et le monopole intégral, seules hypothèses retenues jusque-là, constituent seulement des cas-limites, presque jamais atteints dans la réalité et entre lesquels s'étagent de nombreuses situations intermédiaires de « concurrence imparfaite » ou de « concurrence monopolistique ».

L'étude des formes de marché (duopole, oligopole, monopole bilatéral) et de leur liaison sera reprise et poursuivie dans cette nouvelle optique (J. M. CLARK, ZEUTHEN, R. F. KAHN, O. LANGE, HICKS).

En matière de commerce international, c'est autour de la théorie classique des coûts comparés que sont présentées les contributions les plus intéressantes. Taussig, Angell en conservent le principe, se contentant de le transposer de l'hypothèse irréelle du troc à celle de l'économie monétaire moderne. Berthil Ohlin et Haberler l'abandonnent pour intégrer la théorie des valeurs internationales à la théorie générale de la valeur. Plus récemment, c'est l'existence d'un multiplicateur du commerce extérieur et l'analyse de ses effets qui retiennent l'attention de C. CLARK, HARROD, MACHLUP, METZLER.

Enfin, le problème des *fluctuations économiques* donne lieu à des travaux essayant d'expliquer l'alternance des mouvements cycliques soit par la surcapitalisation de l'appareil économique (AFTALION, SPIETHOFF, HICKS), soit par les variations de la circulation monétaire (HAWTREY), les fluctuations de l'intérêt (WICKSELL, HAYEK) ou celles du profit (LESCURE, MITCHELL, MOULTON), les réactions psychologiques des entrepreneurs (SCHUMPETER, PIGOU, VEBLEN) ou la sous-consommation ouvrière (HOBSON, FOSTER, CATCHINGS).

Certains n'hésiteront pas à remettre, plus ou moins explicitement en question, la notion même de cycle (ACKERMAN, DUPRIEZ, GUITTON), ou à substituer au concept traditionnel d'équilibre économique celui de croissance harmonisée (HARROD, LINDHAL, LUNDBERG).

II. — La Théorie générale de J.-M. Keynes

Né en 1883, élève, puis professeur à l'Université de Cambridge, Keynes est à la fois un théoricien et un homme d'action, presque toujours en conflit avec les thèses orthodoxes.

Délégué britannique à la Conférence de la Paix, en 1919,

il refuse de défendre la position officielle de son Gouvernement et donne une démission spectaculaire. Il expose les raisons de son attitude dans un livre qui devait être prophétique : *Les Conséquences économiques de la paix*, où il expose les raisons pour lesquelles, à son avis, il est impossible d'attendre de l'Allemagne le paiement des Réparations. En 1924, il publie une brochure intitulée *La Réforme Monétaire* où il raille le « fétichisme » de l'or, « cette vieille relique barbare ». Il condamne le régime de l'étalon-or qui sacrifie la stabilité des prix à la stabilité de la monnaie. Il développera et précisera ces idées, dans un *Traité de la Monnaie* de 1931, où il se fait l'apôtre d'une monnaie souple, que les pouvoirs publics pourraient faire varier en fonction des besoins de l'économie. Il préconise également une direction du crédit, pour agir sur la marche des affaires, sur la conjoncture et éviter les crises.

Enfin, en 1936, il publie son œuvre essentielle, la *Théorie générale de l'emploi, de l'intérêt et de la monnaie*, dans laquelle il entend présenter une conception entièrement nouvelle de la théorie économique et qui fait de lui le leader de toute une génération d'économistes.

Jusque-là, tenu en dehors des milieux officiels, en raison du précédent fâcheux de 1919, Keynes va, dès lors, devenir l'économiste officiel de la Grande-Bretagne. Sous-gouverneur de la Banque d'Angleterre, élevé à la pairie, il sera chargé, en 1943, de préparer, pour le compte du gouvernement britannique, un projet de stabilisation internationale des monnaies. Ce sera le fameux *Plan Keynes* qui, avec un plan américain opposé, le Plan White, sera à la base des travaux de la Conférence de Bretton-Woods, en 1944. Il inspirera fortement les Accords conclus à l'issue de ces délibérations et qui aboutissent à la création d'un Fonds monétaire international et d'une Banque internationale pour la reconstruction et le développement économiques.

L'année 1936, avec l'apparition de la *Théorie Générale*, marque, aux yeux de certains, une date aussi importante dans l'évolution de la pensée économique que 1776 avec la *Richesse des Nations* de Smith ou 1867 avec le *Capital* de Marx.

Cette œuvre réalise un bouleversement complet de la théorie économique traditionnelle, celle que l'on appelait indifféremment classique, ricardienne ou malthusienne et que les auteurs post-classiques avaient simplement réadaptée sans la modifier fondamentalement. Malheureusement, la lecture de ce livre est rendue difficile par des développements très abstraits et un vocabulaire très personnel.

Il est à peu près impossible de schématiser le système de Keynes dans le cadre d'un ouvrage comme celui-ci. Retenons-en seulement les idées de base et les conclusions théoriques et pratiques.

1. **Les bases du raisonnement keynésien sont entièrement nouvelles.**

Sa conception de la théorie économique est différente de celle des auteurs antérieurs, classiques ou marginalistes. Tous raisonnaient dans le cadre de l'entreprise pour étudier la combinaison des facteurs productifs ou la répartition du produit en revenus. Pour Keynes, il faut envisager la société tout entière et non certains individus ou certaines firmes. Il pose le problème en termes de revenus globaux, d'emploi global, de demande globale pour élaborer une théorie du fonctionnement du système économique pris dans son ensemble. C'est une conception macrocosmique par opposition à la conception microscosmique jusqu'alors dominante.

L'objet essentiel de cette théorie « générale » est d'expliquer les causes qui régissent les variations de la production et de l'emploi. Les classiques raisonnaient comme si le plein emploi était toujours réalisé, si toutes les personnes désireuses de travailler pouvaient trouver un emploi à un certain salaire. Pour Keynes, cette hypothèse ne correspond pas à la réalité. L'exemple de la Grande-Bretagne entre les deux guerres montre que l'éventualité d'un chômage permanent doit être au contraire retenue. La théorie des prix, du salaire, de l'intérêt, doit être reconsidérée en fonction de cette hypothèse plus courante que l'autre.

2. **Sur le plan de la théorie pure, il s'agit donc, avant tout, d'élucider les facteurs agissant sur le volume de l'emploi.**

Le rôle de la demande est, à cet égard, primordial. Pour les classiques, l'offre créait sa propre demande (loi des débouchés) ; l'offre était l'élément moteur. Keynes montre, au contraire, que l'impulsion vient de la demande. En effet, dit-il, l'emploi varie parallèlement au revenu global, qui se distribue entre trois destinations : consommation, investissement, thésaurisation. Celle-ci correspond aux sommes conservées liquides ; elle est improductive et même néfaste car elle ne contribue pas à développer l'emploi. Seules les dépenses de consommation et d'investissement, qui constituent la demande effective, agissent sur l'emploi. Mais, de quoi dépend, alors, le niveau de la demande effective ?

Trois facteurs psychologiques constituent, avec la quantité de monnaie, les variables indépendantes qui sont la cause de toutes les variations du système. Ce sont :

La préférence pour la liquidité, ou préférence donnée à l'argent liquide sur les autres formes de richesse. C'est le facteur qui provoque la thésaurisation. Keynes souligne, à ce sujet, le rôle du temps dans l'activité économique, les décisions des agents économiques étant prises en considération de l'avenir, dans un but de transaction, de précaution ou de spéculation.

Il montre aussi que la monnaie, contrairement à l'opinion des classiques, n'est pas un élément neutre dont l'adjonction ne change rien au fonctionnement du système. Elle est, au contraire, un élément actif dont l'intervention modifie les conditions d'équilibre par l'intermédiaire du taux de l'intérêt. L'intérêt est le prix de renonciation à la liquidité et son taux mesure la tension entre la quantité de monnaie existante et la demande de monnaie en vue de thésaurisation.

L'incitation à investir, au contraire, est la tendance qui pousse les agents économiques à rechercher un emploi productif pour leur revenu. Elle dépend de l'estimation du revenu futur, elle-même fonction de l'efficacité marginale du capital.

La propension à consommer représente la tendance de la population à affecter une part plus ou moins grande de son revenu à des dépenses de consommation immédiates.

L'influence respective de ces trois facteurs antagonistes, jointe à celle de la *quantité de monnaie* existante, détermine le volume de la demande effective et de l'emploi. Encore faut-il souligner qu'un accroissement primaire des investissements entraîne une augmentation plus que proportionnelle de la demande effective, car une partie des revenus supplémentaires par lui créés se transforme en dépenses de consommation qui, à leur tour, contribuent à augmenter la demande, par le jeu du « multiplicateur d'investissement ».

3. **Sur le plan de la politique économique**, cette analyse va entraîner des conséquences importantes. Les situations de sous-emploi peuvent se prolonger longtemps sans qu'aucun mécanisme spontané tende à les résorber. Une intervention des pouvoirs publics peut s'imposer de façon plus ou moins permanente pour assurer le plein emploi et, par lui, l'expansion de la production et l'accroissement du revenu national.

Il convient essentiellement de décourager la thésaurisation stérile, au profit de dépenses productrices, dépenses de consommation et dépenses d'investissement.

On développera d'abord les dépenses de consommation par une politique fiscale tendant à redistribuer les revenus au profit des classes ayant la plus forte propension à consommer et par une politique monétaire tendant à diminuer la préférence pour la liquidité (abandon de l'étalon-or, manipulations monétaires).

Mais si les dépenses de consommation ont déjà des effets favorables, les dépenses d'investissements sont plus efficaces encore, en raison du jeu du multiplicateur d'investissement. On encouragera donc les investissements privés par un abaissement systématique du taux de l'intérêt et une expansion de crédit continue qui augmenteront l'efficacité marginale du capital et, par voie de conséquence, l'incitation à investir.

Enfin, on recourra à des investissements publics (grands travaux contre le chômage à la charge du budget), pour achever de porter la dépense globale et la demande effective au montant nécessaire pour assurer le plein emploi.

Comme, au surplus, une exportation est, au point de vue de l'emploi, l'équivalent d'un investissement, on s'efforcera également d'obtenir une balance du commerce favorable et si l'on veut éviter les luttes douanières, on est ainsi amené à envisager une direction de l'économie, non seulement sur le plan national, mais encore sur le plan international. Le plan Keynes d'expansion des échanges par une politique d'investissements internationaux, plan présenté à la Conférence de Bretton-Woods, n'avait pas d'autre objet.

***

L'influence de l'œuvre de Keynes a été considérable, tant sur le plan de la science pure que sur celui de la politique économique. Sans doute, à l'heure actuelle, s'oriente-t-on vers un dépassement de sa théorie qui, en dépit de son titre, vaudrait seulement pour certaines hypothèses particulières et devrait, aux yeux de certains (Pigou, Perroux), être effectivement généralisée.

Mais elle n'en a pas moins imprégné profondément tous les auteurs contemporains et marqué toutes les œuvres postérieures, qu'il s'agisse de travaux méthodologiques visant à perfectionner ou à compléter les instruments d'analyse keynésiens (études de macro-économie, travaux sur le revenu national et sur la structure de l'économie) ou de ceux tendant à élaborer une théorie plus parfaite du fonctionnement des marchés et de la dynamique économique.

CONCLUSION

Au terme de cette histoire schématique de la pensée économique, et mettant à part les travaux de théorie pure qui se situent sur un plan tout à fait différent, on voit qu'en leur état le plus récent, les doctrines économiques témoignent d'un rapprochement très net des techniques proposées, malgré l'antagonisme persistant des idéologies.

Sans doute, *sur le plan des principes*, les conceptions restent-elles nettement opposées. Elles procèdent de philosophies trop différentes, elles recouvrent des intérêts trop divergents pour qu'il en soit autrement. Comme le souligne M. G. Pirou, « les uns veulent garder ce qu'ils ont et les autres obtenir ce qu'ils n'ont pas. Les uns croient à la toute-puissance des fatalités naturelles et les autres au pouvoir libérateur de la science et de la raison humaine. Les uns sont épris surtout de justice et les autres soucieux de liberté. Les uns mettent au-dessus de tout la nation dont ils font partie et les autres songent au bien de l'humanité ou à l'intérêt de leur classe. Ce sont là autant d'oppositions dont il est peu vraisemblable qu'elles se résolvent en harmonie par un coup de baguette magique » (1).

Mais si, du plan des principes, nous descendons à celui des *programmes positifs*, il apparaît, au contraire, que les mesures préconisées par les diverses Ecoles sont très proches les unes des autres. Il se produit, à l'heure actuelle, un véritable brassage des doctrines qui mélange des courants anciens et nouveaux, des influences politiques, économiques, religieuses et qui aboutit à un dépassement des conflits traditionnels. Les oppositions finissent souvent par ne plus porter que sur des mots, par être seulement des discussions byzantines à propos d'étiquettes différentes recouvrant au fond des réalités presque identiques.

Un trait remarquable de cette évolution contemporaine des doctrines économiques est, en effet, la convergence de la

(1) G. Pirou : *Traité d'économie politique*, t. I, Introduction, Sirey, 1939, p. 283.

plupart d'entre elles vers une sorte d'humanisme économique.

L'humanisme, dans sa conception la plus large, est « une philosophie pratique » qui « tend essentiellement à rendre l'homme plus vraiment humain... en le faisant participer à tout ce qui peut l'enrichir dans la nature et dans l'histoire... ; Il demande tout à la fois que l'homme développe les virtualités contenues en lui, ses forces créatrices et la vie de la raison, et travaille à faire des forces du monde physique les instruments de sa liberté » (1).

Sur le plan économique, cette conception aboutit essentiellement à voir en l'homme autre chose qu'un individu et autre chose qu'une simple cellule sociale. Elle s'oppose à l'individualisme libéral, uniquement préoccupé de l'intérêt égoïste de l'homme pris isolément et de ses besoins matériels ; elle entend prendre en considération ses besoins moraux et intellectuels et ne pas l'isoler des communautés naturelles auxquelles il appartient (famille, profession, nation). Elle s'oppose tout aussi bien aux totalitarismes matérialistes qui voient en l'homme un simple moyen producteur et pour lesquels la société est la seule fin ; elle considère, au contraire, que la personne humaine a des fins propres, un droit naturel à s'épanouir pleinement et que l'organisation économique et sociale doit l'y aider.

Particulièrement caractéristiques de ce point de vue sont des œuvres comme celles de G. Lasserre, de François Perroux, de Beveridge, de Maurice Allais qui traduisent le souci de libération totale de l'homme, commun à la plupart des auteurs contemporains. Le coopératisme et le néo-socialisme, le corporatisme et le dirigisme, le christianisme social, le néo-libéralisme et le planisme concurrentiel, sont, à des degrés divers, autant de manifestations de ce souci d'assurer, de manière effective, grâce à une certaine organisation de la société, les droits de la personne humaine sur le plan économique.

Les interprètes les plus récents de Karl Marx lui-même ne s'attachent-ils pas à souligner, dans son œuvre, les éléments d'un humanisme réalisé, « qui diffère de l'idéalisme aussi bien que du matérialisme tout en étant la vérité qui les unit tous les deux » (2).

(1) Jacques Maritain : *Humanisme intégral*, p. 6, 10 et 11.

(2) K. Marx : *Economie politique et philosophie*, p. 76, cité par L. Sédar Senghor : Marxisme et humanisme, in *Revue socialiste*, mars 1948, p. 215.

BIBLIOGRAPHIE SOMMAIRE

AMERICAN ECONOMIC ASSOCIATION : *Readings in economic theory*, 5 vol., Blakiston, 1944-1951.

BARRÈRE A. : *Théorie économique et impulsion keynésienne*, Dalloz, 1952.

BAUDIN L. : *Précis d'Histoire des Doctrines Economiques*, Domat-Montchrestien, 4e éd., 1947.

BOUSQUET G. H. : *Essai sur l'évolution de la pensée économique*, Giard, 1927.

DIVERS : *Bilans de la connaissance économique*, collection dirigée par R. MOSSÉ, Lib. M. Rivière.

DIVERS : *La connaissance économique du temps présent*, collection dirigée par E. JAMES et A. MARCHAL, éd. Domat-Montchrestien.

ELLIS E. H. : *A Survey of contemporary economics*, American economic association, 1948.

GEMÄHLING : *Les grands économistes*, Sirey, 2e éd., 1945.

GIDE et RIST : *Histoire des doctrines économiques*, Sirey, 7e éd., 1947, 2 vol.

GONNARD R. : *Histoire des doctrines économiques*, Librairie générale, éd. 1947.

GRAY A. : *The development of economic doctrines*, Londres, 1931.

JAMES E. : *Histoire des théories économiques*, Flammarion, 1950.

JAMES E. : *Histoire de la pensée économique au XXe siècle*, 2 vol., Presses Universitaires de France, 1955.

MARCHAL A. : *La pensée économique en France depuis 1945*, Presses Universitaires de France, 1953.

MARCHAL J. : *Cours d'économie politique*, t. I, Ire Partie, Médicis, 1950.

NEFF F. A. : *Economic doctrines*, Mc Graw-Hill, 1950.

NEWMAN P. C. : *The development of economic thought*, Prentice Hall, New York, 1952.

NOGARO B. : *Le Développement de la pensée économique*, Librairie générale de droit et de jurisprudence, 1943.
— *Cours d'économie politique*, t. I, Introduction, Domat-Montchrestien, 4e éd. 1947.

PASQUIER A. : *Les doctrines sociales en France, 1930-1950*, Librairie générale de droit et de jurisprudence, 1950.

PERROUX F. : *La Continuité de la pensée économique*, Domat Montchrestien, 1938.

PIROU G. : *Introduction à l'étude de l'économie politique*, Sirey, 1939,
— *Les Doctrines économiques en France depuis 1870*. A. Colin, 1925.
— *Doctrines sociales et science économique*, Sirey, 1929.

ROLL E. : *A History of economic thought*, Londres, 1938.

VILLEY D. : *Petite histoire des grandes doctrines économiques*, 2e éd., Médicis, 1954.

WHITTAKER E. : *A history of economic ideas*, Longmans, 1940.

TABLE DES MATIÈRES

1957. — Imprimerie des Presses Universitaires de France. — Vendôme (France)
ÉDIT. N° 24 810 IMP. N° 14 926